Das Mathebuch 1

Neu bearbeitet von

Cathrin Höfling

Ulrike Hufschmidt

Myriam Kolbe

Julia Michalke

Dr. Sebastian Walter

Inhaltsverzeichnis

■ Zahlen und Operationen ■ Raum und Form ■ Muster und Strukturen ■ Größen und Messen ■ Daten, Häufigkeit und Wahrscheinlichkeit

Grundlage: KMK-Bildungsstandards

Inhaltsverzeichnis

▪ Zahlen und Operationen ▪ Raum und Form ▪ Muster und Strukturen ▪ Größen und Messen ▪ Daten, Häufigkeit und Wahrscheinlichkeit
Grundlage: KMK-Bildungsstandards

3

1.

| 0 | 1 | 2 | 3 | 4 | 5 | 6 | 7 | 8 | 9 | 10 |

2. Stelle deine Lieblingszahl vor, wie Hanna.

3. Male ein Bild zu deiner Lieblingszahl.

K M D 1 Anzahlen und Ziffern entdecken; zählen; über unterschiedliche Zahldarstellungen sprechen
K M D 2 Lieblingszahlen an der Tafel präsentieren   K D 3 Bilder gestalten und vortragen
Ziffernschreibkurs beginnen

4. Was machen Emma, Max und Tim?

5. Zähle. Wie oft haben die Kinder das Fach Mathematik?

1. Zähle und trage ein.

2. Zähle und trage ein.

3. Zähle und trage ein.

AH, FöH, FoH S. 2–11; S. 12

Ⓜ Ⓓ 1–3 Mit verschiedenen Bauklötzen Gebäude bauen; Anzahlen und Farben bestimmen
Ziffernschreibkurs bearbeiten

1. Lege nach. Zähle und trage ein.

2: Lege nach. Zähle und trage ein.

3: Findet die Fehler. Verbessert.

1.

Immer 5

2. Zähle und trage ein.

3. Zähle und trage ein.

AH, FöH, FoH S. 2–11; S. 13

K A M D W **1** Fünferbündelung als Vorteil thematisieren
M D W **2, 3**
Ziffernschreibkurs bearbeiten

1. Zähle und trage ein.

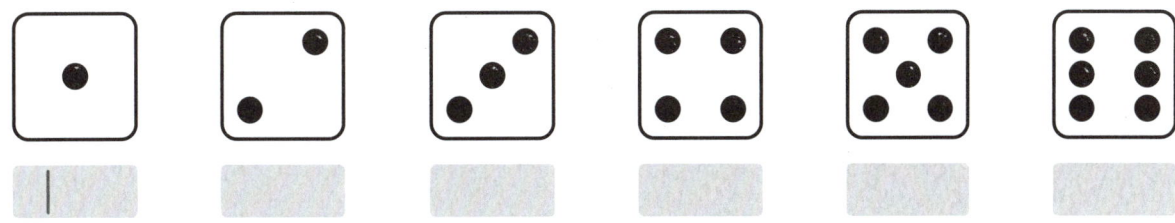

I

2. Zähle und trage ein.

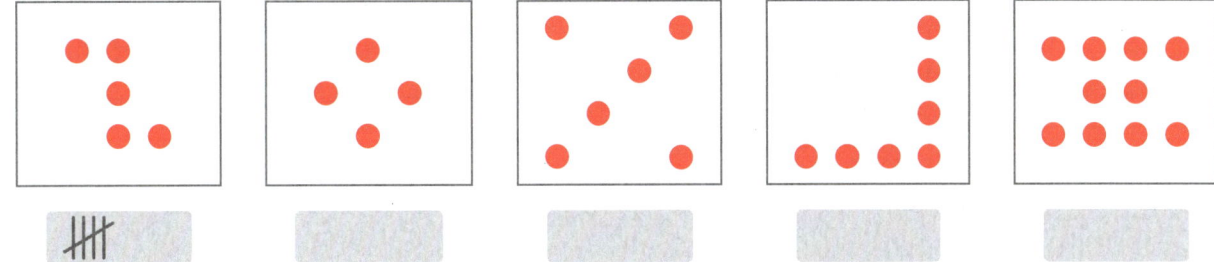

卌

3. Zähle und male.

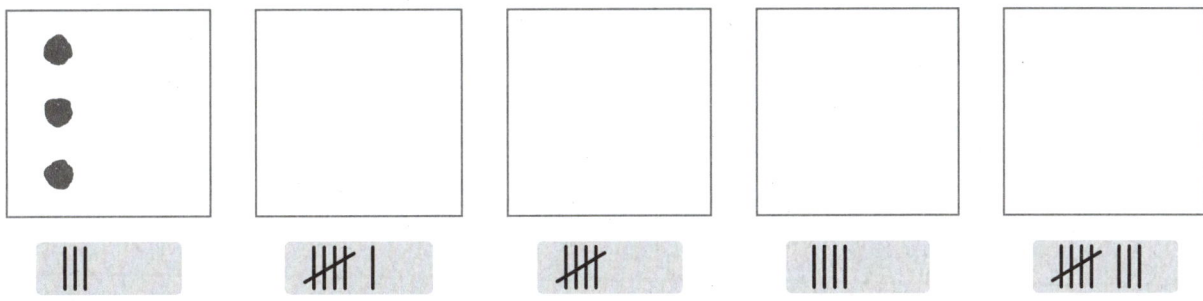

III   卌 I   卌   IIII   卌 III

4. Fülle aus.

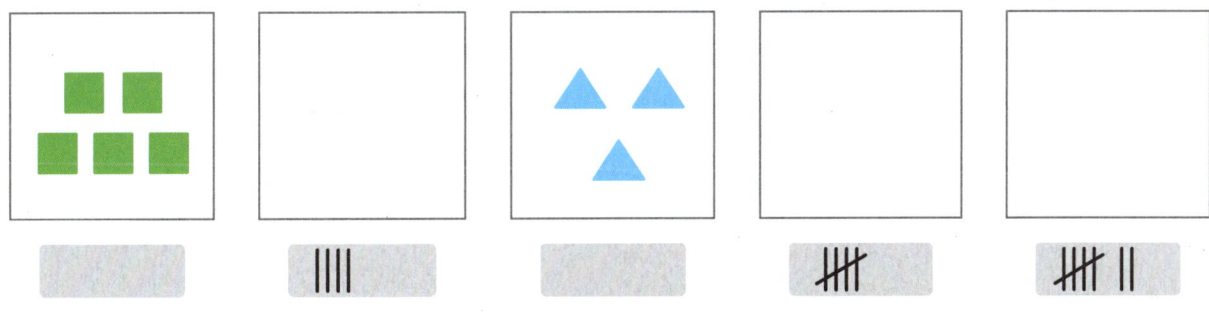

          IIII   卌   卌 II

5. 5 gewinnt. Würfelt und tragt ein.

Wie oft ?

D **W** **1, 2, 4** Bei Strichlisten Fünferbündelung berücksichtigen   **W 3**   **K 5** Mit einem Würfel würfeln, Fünfer zählen und Strichliste erstellen (Zeitvorgabe 1 min); Fünferbündelung berücksichtigen Ziffernschreibkurs bearbeiten

AH, FöH, FoH S. 2–11; S. 14

1. Spure nach.

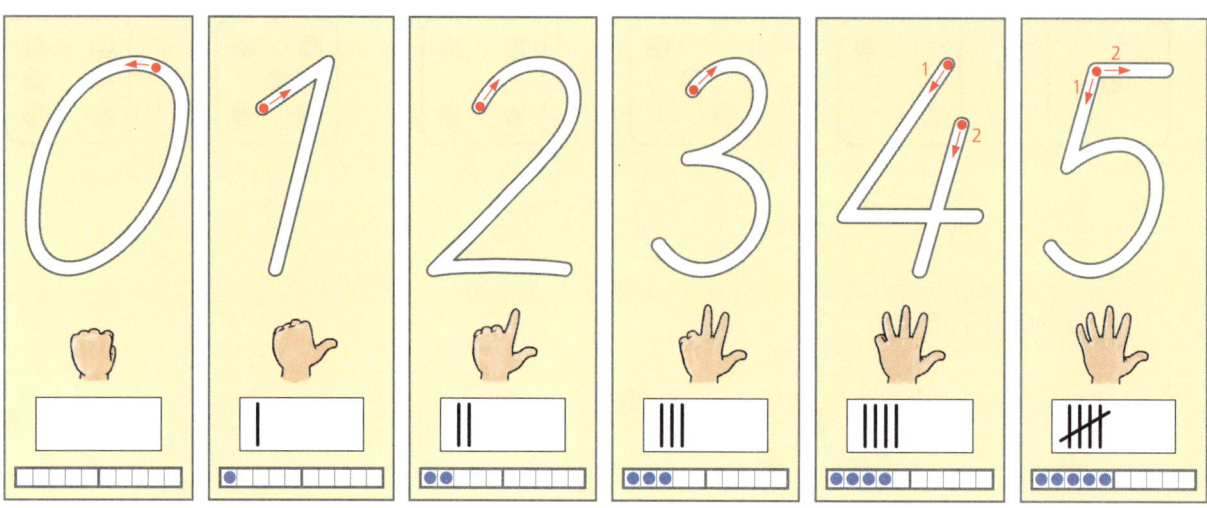

2. Zähle und trage ein.

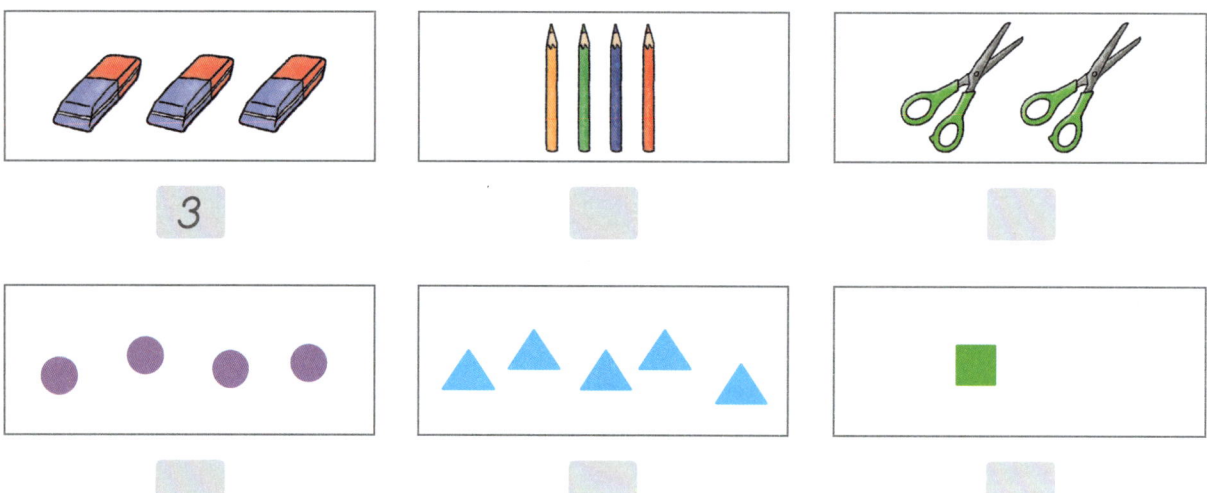

3. Spure nach.

K D W 1 Zusammenhang verschiedener Zahldarstellungen thematisieren (Zahlen, Fingerbild, Strichliste, Zehnerfeld); ggf. Fingerbilder verwenden W 2 W 3 Jede Ziffer mit einer anderen Farbe nachspuren
AH, FöH, FoH S. 2–11; S. 15 Ziffernschreibkurs bearbeiten

4. Spure nach.

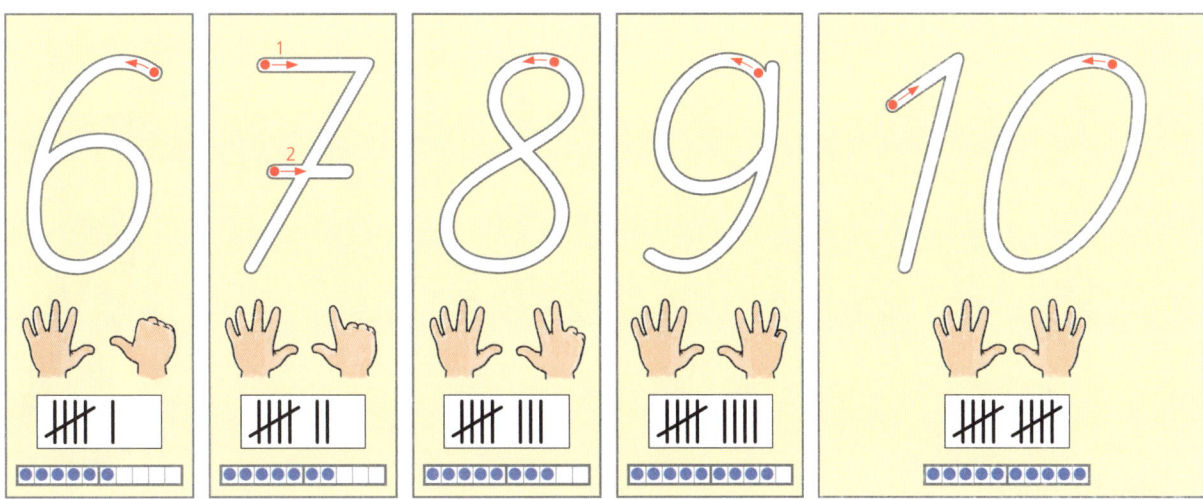

5. Zähle und trage ein.

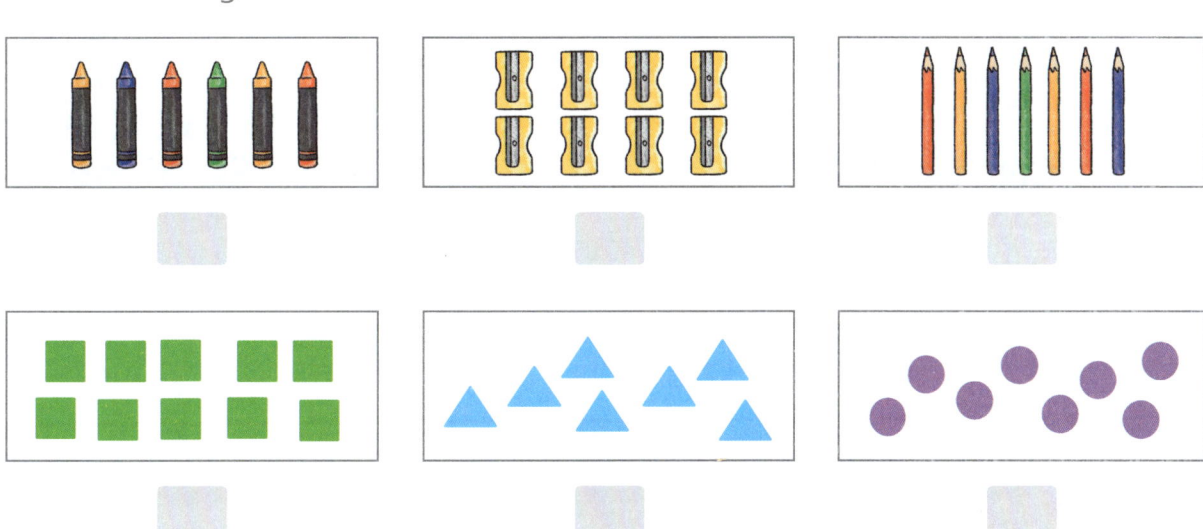

6. Spure nach.

K D W 4 Zusammenhang verschiedener Zahldarstellungen thematisieren (Zahlen, Fingerbild, Strichliste, Zehnerfeld); ggf. Fingerbilder verwenden **W 5** **W 6** Jede Ziffer mit einer anderen Farbe nachspuren Ziffernschreibkurs bearbeiten

AH, FöH, FoH S. 2–11; S. 15

11

1. Schreibe jede Ziffer in dein Heft.

Jede Ziffer in ein Kästchen!

	S.	1	2	Nr.	1			
1	1	1	1	1	1	1	1	
2	2	2	2	2	2	2	2	

2. Macht nach.

Fühlt und zählt.

2

Zeigt und trommelt.

Klatscht und zählt.

7

Zeigt und springt.

Blinkt und zählt.

3

Tippt und fühlt.

1 Hefteintrag einführen
K 2 Anzahlen mit verschiedenen Sinnen erleben

1.

2. Zähle, lege und trage ein.

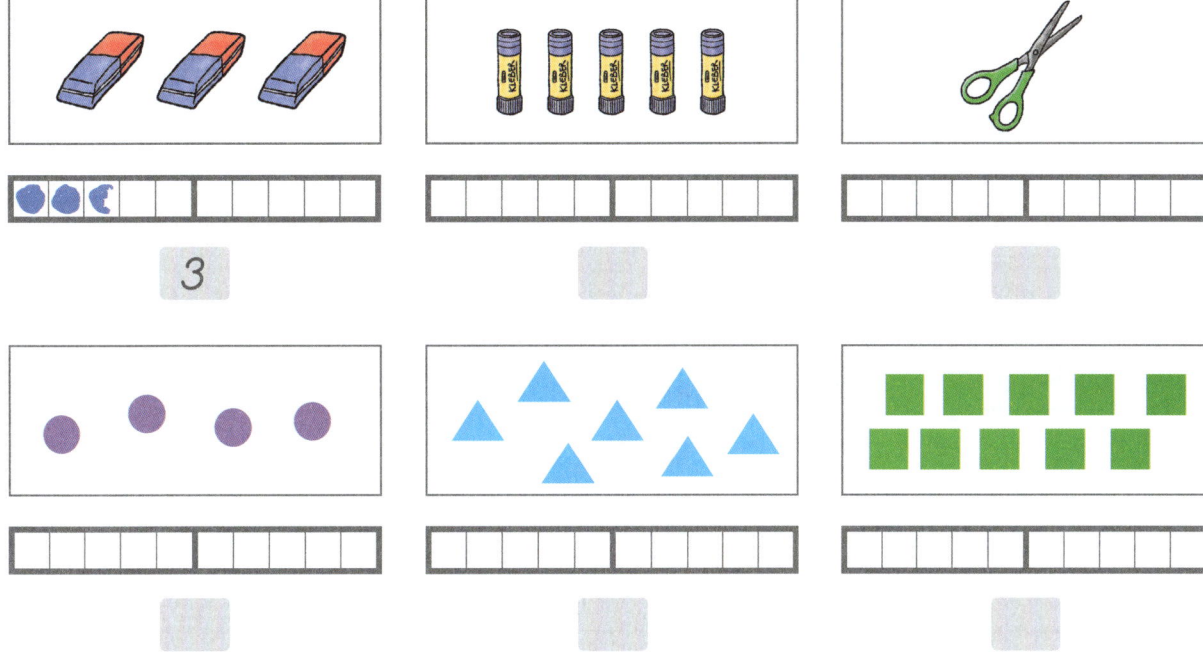

3

3. Male und trage ein.

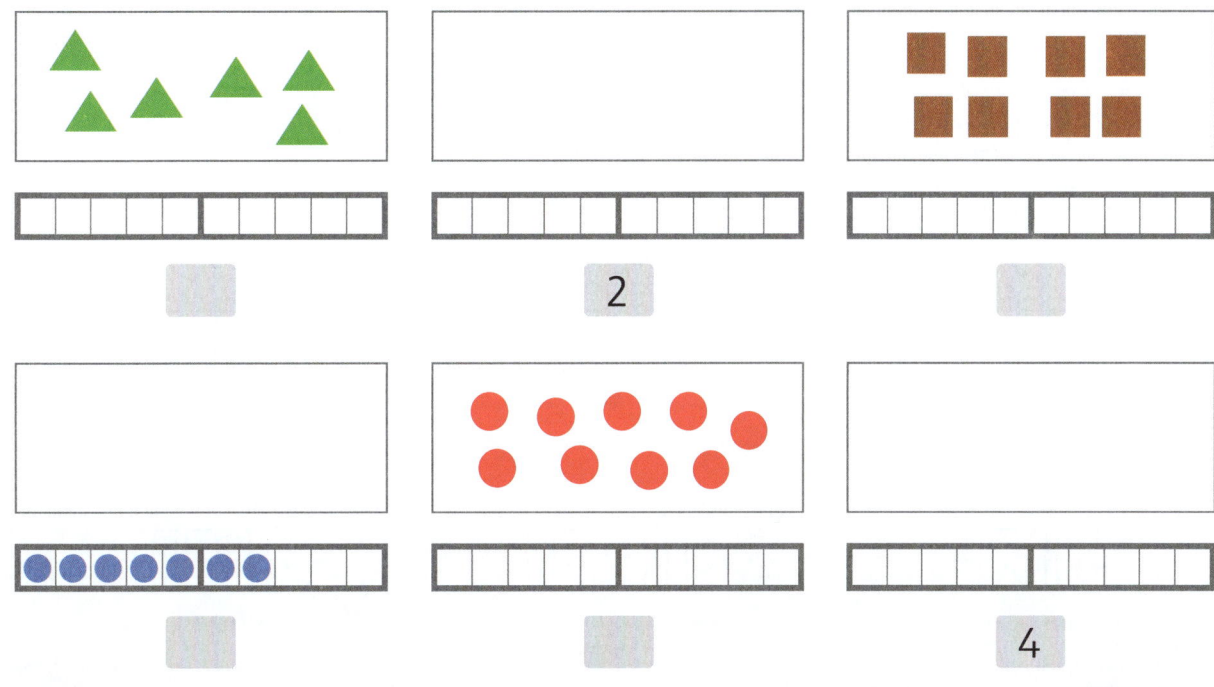

2

4

1.

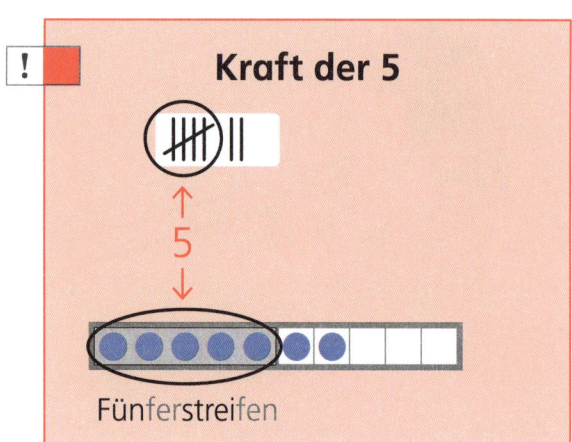

2. Wo hilft euch der Fünferstreifen? Kreuzt an, legt und tragt ein.

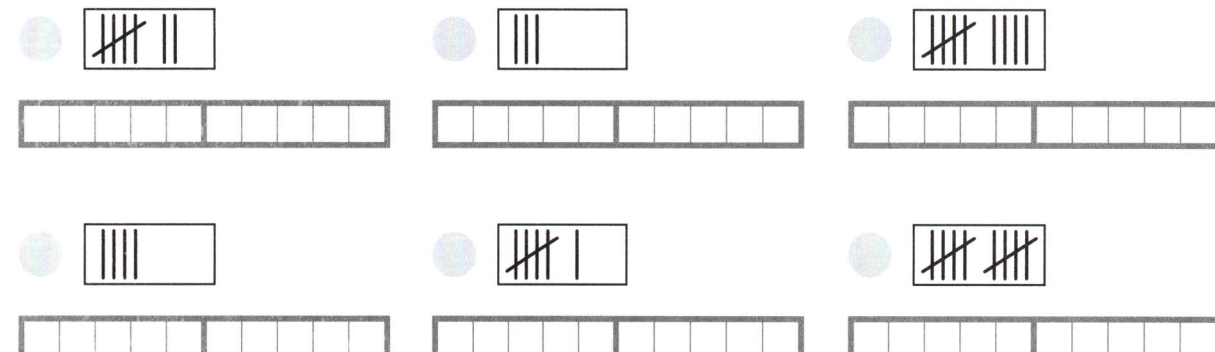

Denke beim Legen an den Fünferstreifen.

3. Lege und trage ein.

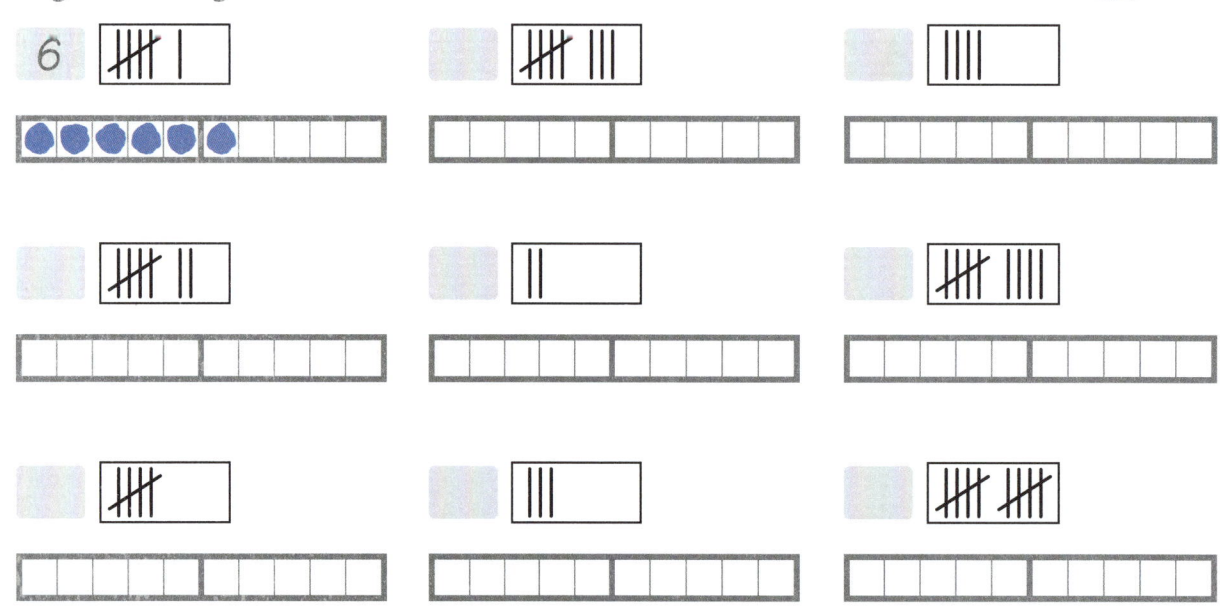

K A D W 1 Fünferbündelung im Zehnerfeld thematisieren
K A D W 2 Zehnerfeld, Fünferstreifen und Plättchen verwenden
D W 3 Zehnerfeld, Fünferstreifen und Plättchen verwenden

1.

2. Zähle und trage ein.

| 3 | ||| |

3. Welche Strichlisten könnten es sein? Kreuzt an und begründet.

   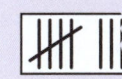   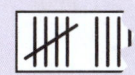

K M 1 Anzahlen im Bild entdecken
D 2 Bei Strichlisten Fünferbündelung berücksichtigen
P K A W 3 Strukturierung der Darstellungen für die Begründung nutzen

AH, FöH, FoH S. 16

15

1.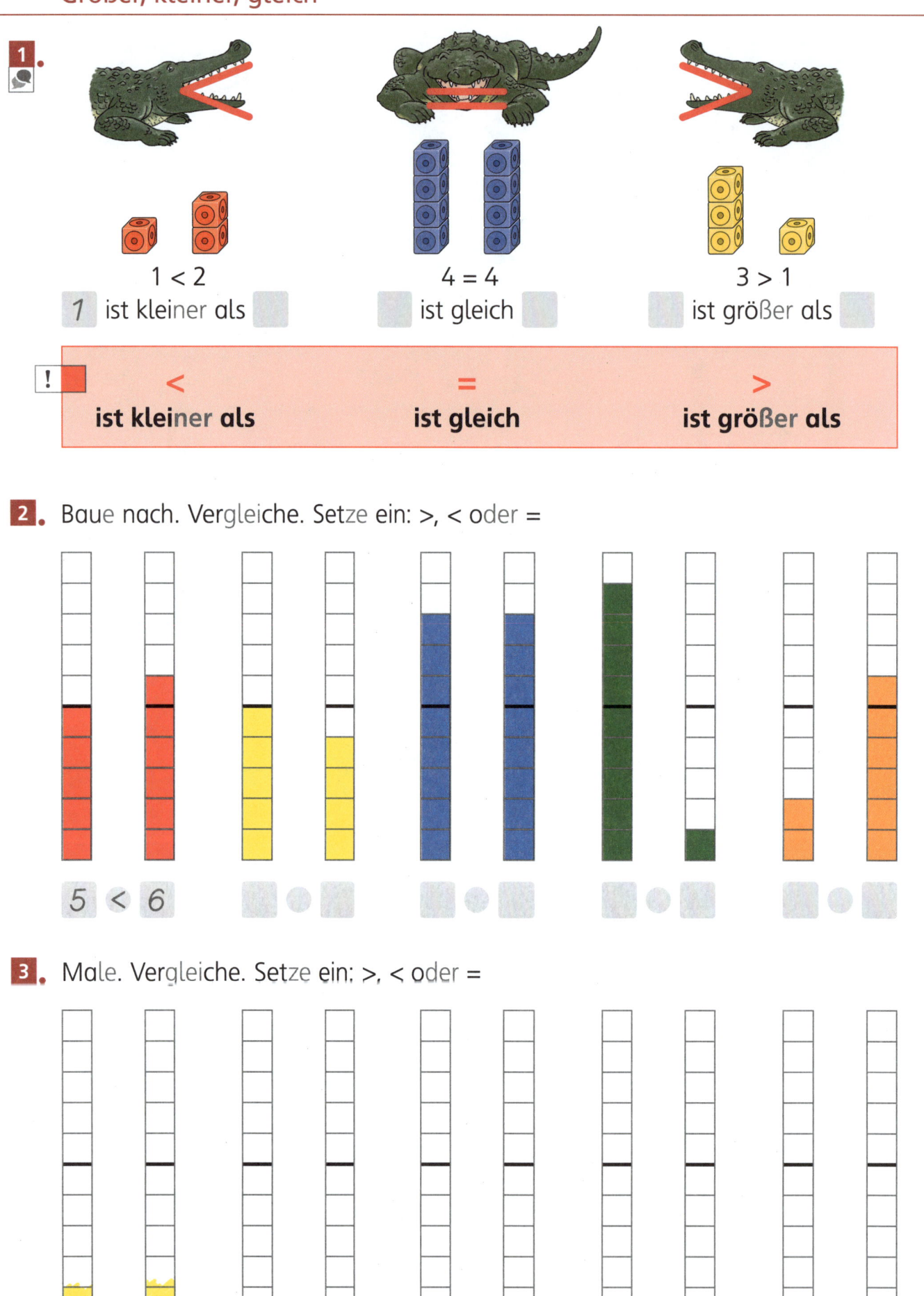

1 < 2

4 = 4

3 > 1

1 ist kleiner als ☐   ☐ ist gleich ☐   ☐ ist größer als ☐

!
<	=	>
ist kleiner als	**ist gleich**	**ist größer als**

2. Baue nach. Vergleiche. Setze ein: >, < oder =

5 < 6   ☐ ● ☐   ☐ ● ☐   ☐ ● ☐   ☐ ● ☐

3. Male. Vergleiche. Setze ein: >, < oder =

7 ● 4   4 ● 4   6 ● 8   9 ● 10   8 ● 5

AH, FöH, FoH S. 17

K **W** **1** Bedeutung der Relationszeichen thematisieren und Schreibweise üben

W 2, 3

1. Zähle. Setze ein: >, < oder =

    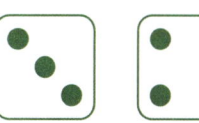  

4 < 6

2. Male. Setze ein: >, < oder =

3 < 6   6 ⬤ 3   1 ⬤ 4   5 ⬤ 2

3. Setze ein: >, < oder =

1 < 2	2 ⬤ 3	5 ⬤ 4	4 ⬤ 3	5 ⬤ 6
1 ⬤ 3	2 ⬤ 4	5 ⬤ 5	3 ⬤ 4	6 ⬤ 5
8 ⬤ 4	6 ⬤ 5	3 ⬤ 9	2 ⬤ 2	9 ⬤ 6
4 ⬤ 8	5 ⬤ 6	3 ⬤ 3	4 ⬤ 7	3 ⬤ 4

4.

Ich bearbeite die Aufgabe zuerst alleine.

Du zeigst mir deine Lösung.

Wir alle sprechen gemeinsam über die Aufgabe.

5. Finde eine passende Zahl.

2 < ▢   8 > ▢   6 > ▢   ▢ = 1   ▢ < ▢

1.

Ich habe zu wenig.
↓
Ich male dazu.

2. Male dazu.

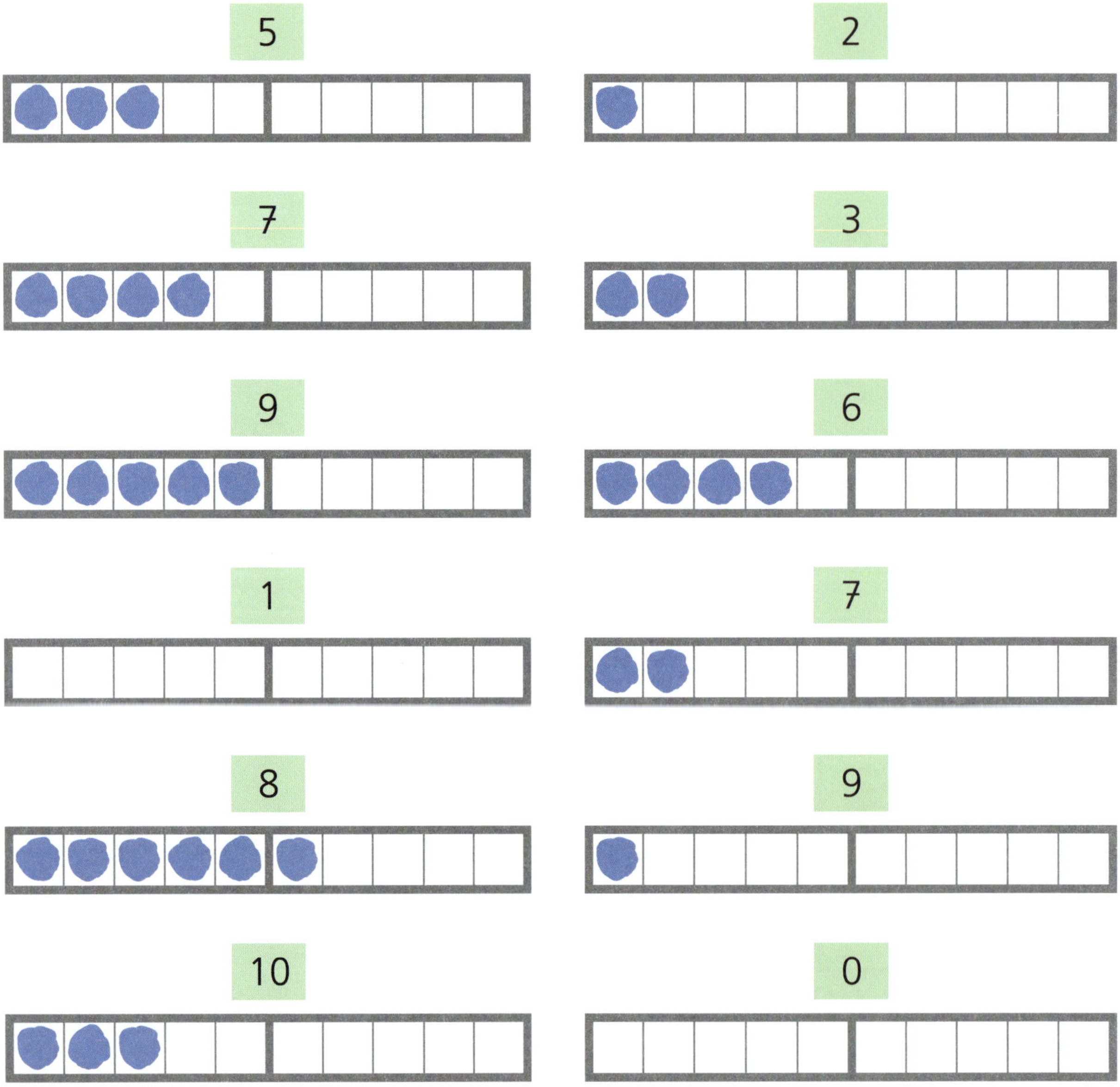

5

7

9

1

8

10

2

3

6

7

9

0

AH, FöH, FoH S. 18

K D 1 Anzahlveränderung im Zehnerfeld thematisieren;
Materialhandlung und Darstellung im Buch vergleichen

D 2

1.

Ich habe zu viel.
↓
Ich streiche weg.

2. Streiche weg.

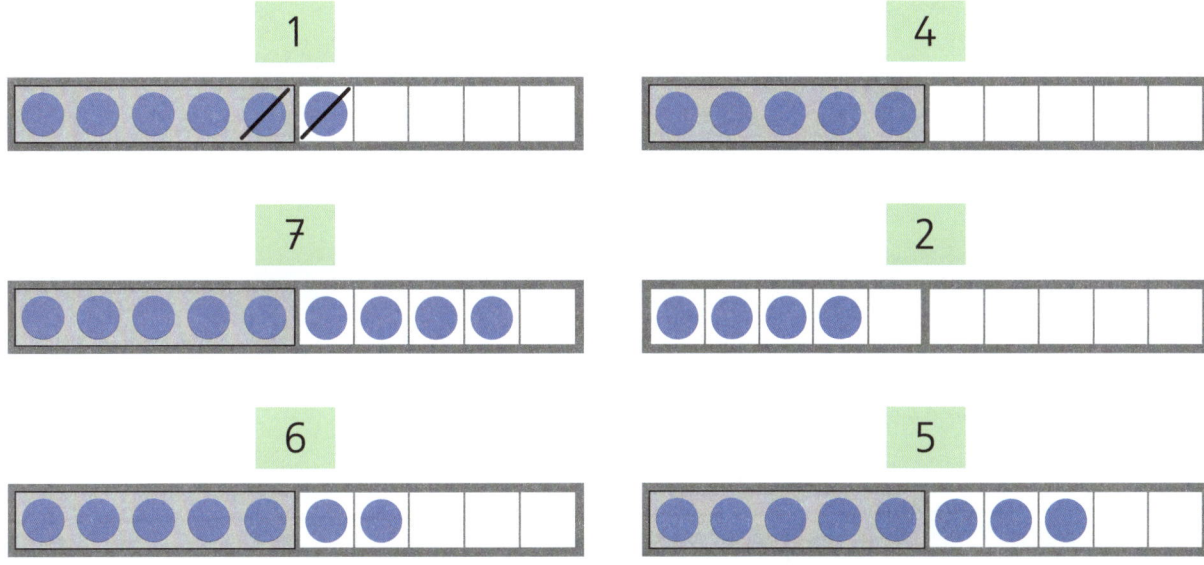

3: Malt dazu oder streicht weg.

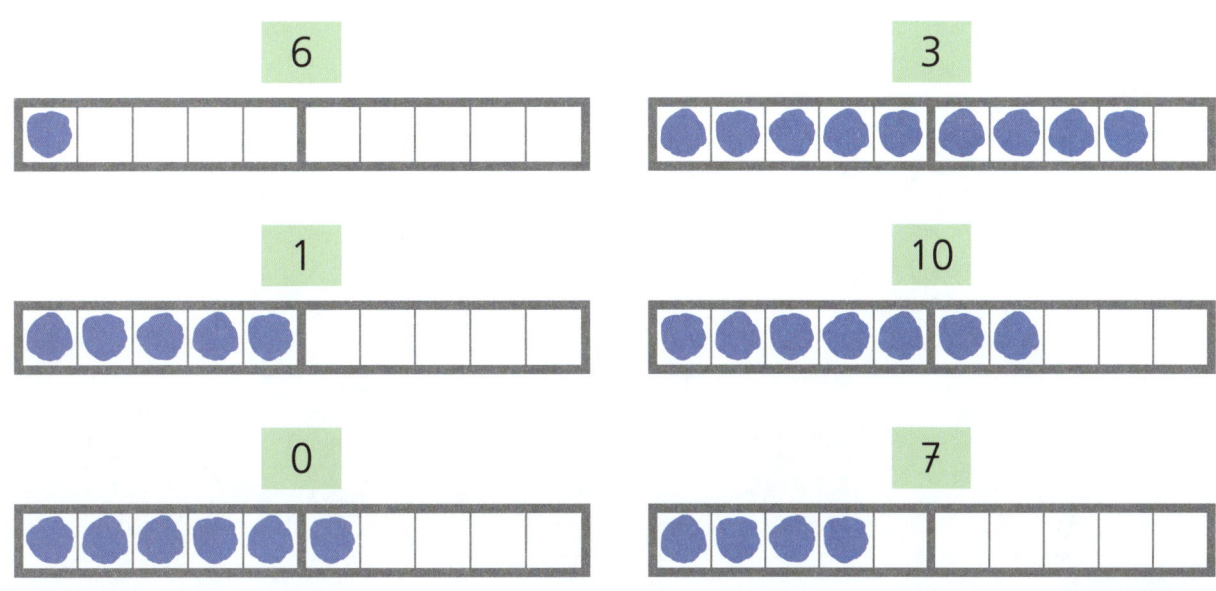

K D 1 Anzahlveränderung im Zehnerfeld und Entbündeln thematisieren;
Materialhandlung und Darstellung im Buch vergleichen
D 2   K D 3

AH, FöH, FoH S. 18

19

1.  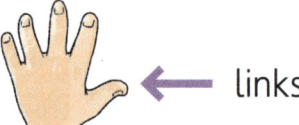 ← links   rechts →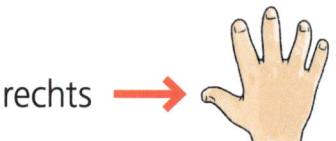

2. Kreise ein.

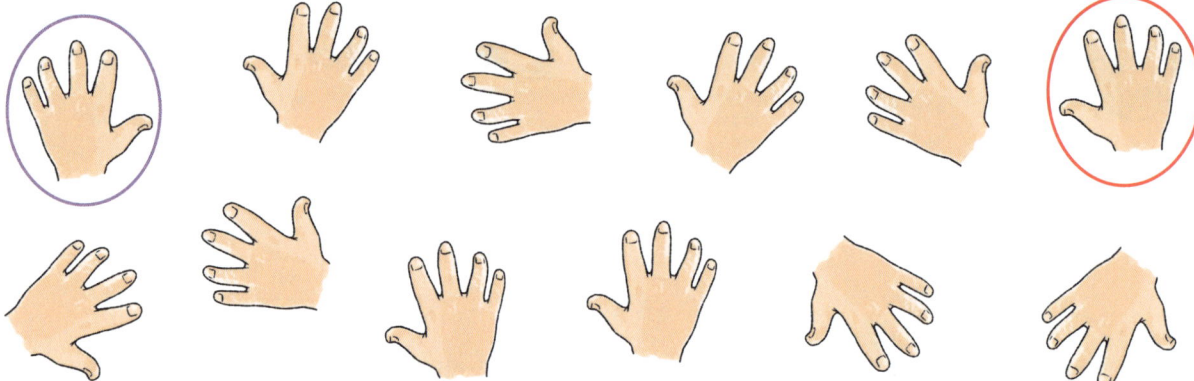

3. Färbe die Pfeile.

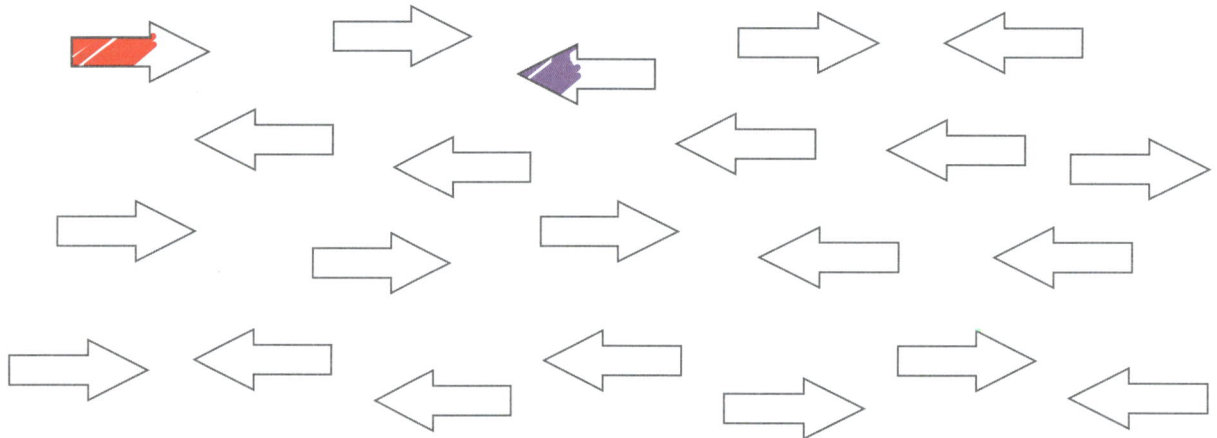

4. Kreise ein.

AH, FöH, FoH S. 18

Ⓚ **1** Rechts und links am eigenen Körper definieren
2–4 Hände, Pfeile und Hunde entsprechend der Farbvorgabe einkreisen bzw. einfärben

1. Zähle und trage ein.

2. Trage ein.

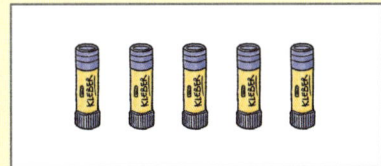   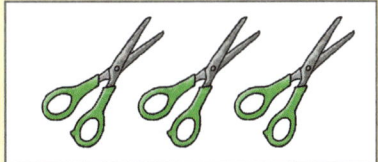   

3. Setze ein: >, < oder =. Finde passende Zahlen.

9 ○ 5   8 ○ 6   2 ○ 5   6 ○ 6   7 > ☐

5 ○ 6   3 ○ 3   8 ○ 4   3 ○ 9   ☐ < 4

4. Male dazu oder streiche weg.

5

4

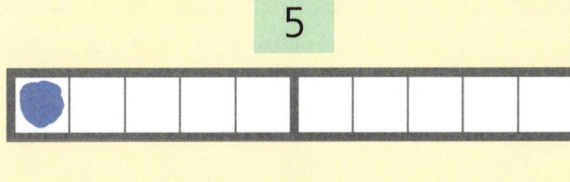

2

10

5. Kreise ein.

1.

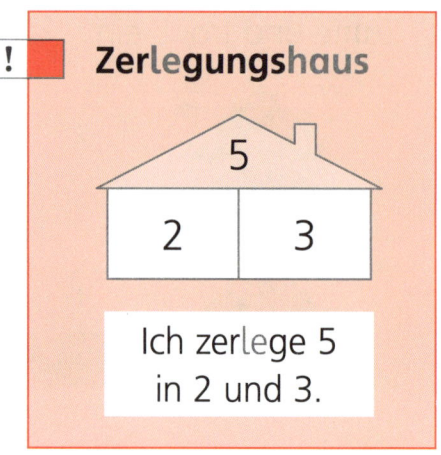

Zerlegungshaus

Ich zerlege 5 in 2 und 3.

2. Lege, male und trage ein.

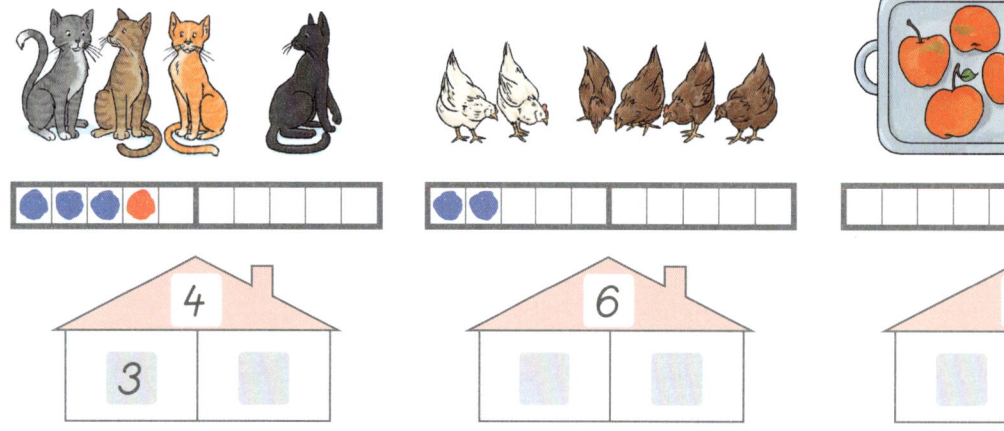

3. Lege und trage ein.

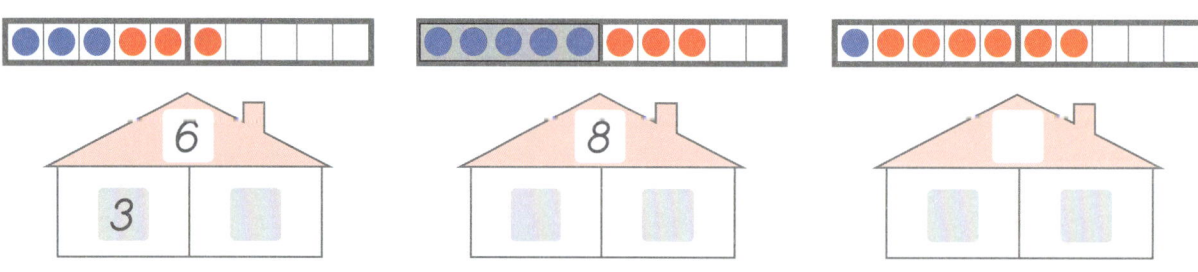

4: Lege und male.

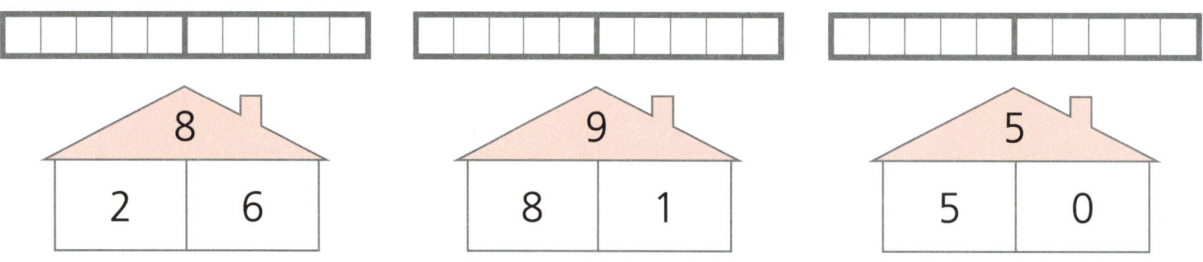

AH, FöH, FoH S. 20

Ⓚ 1 Zerlegungen von Mengen in Teilmengen thematisieren und die Darstellung im Zerlegungshaus besprechen
Ⓜ Ⓓ 2 Zehnerfeld, Fünferstreifen und Plättchen verwenden   Ⓓ 3 Zehnerfeld, Fünferstreifen und Plättchen verwenden
Ⓓ 4 Zerlegung mit der Zahl Null beachten, Zehnerfeld, Fünferstreifen und Plättchen verwenden

1. Trage ein.

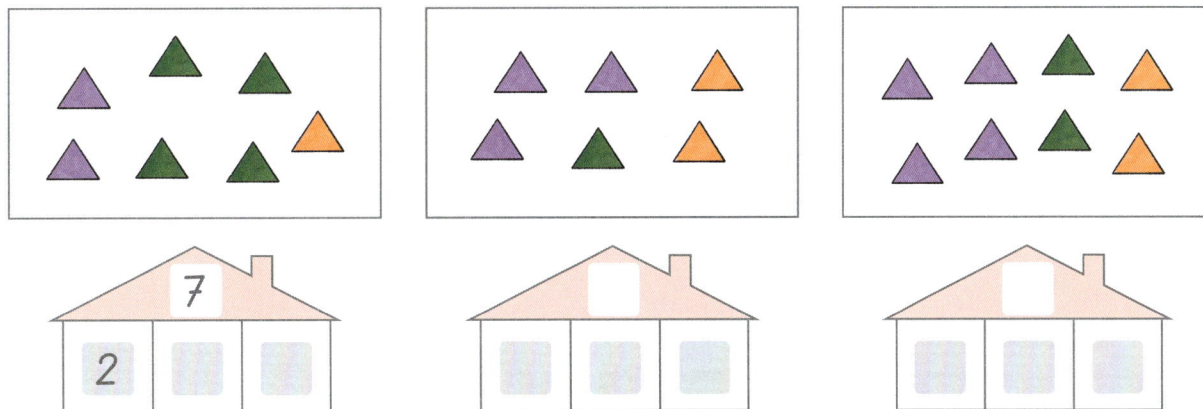

2. Lege und trage ein.

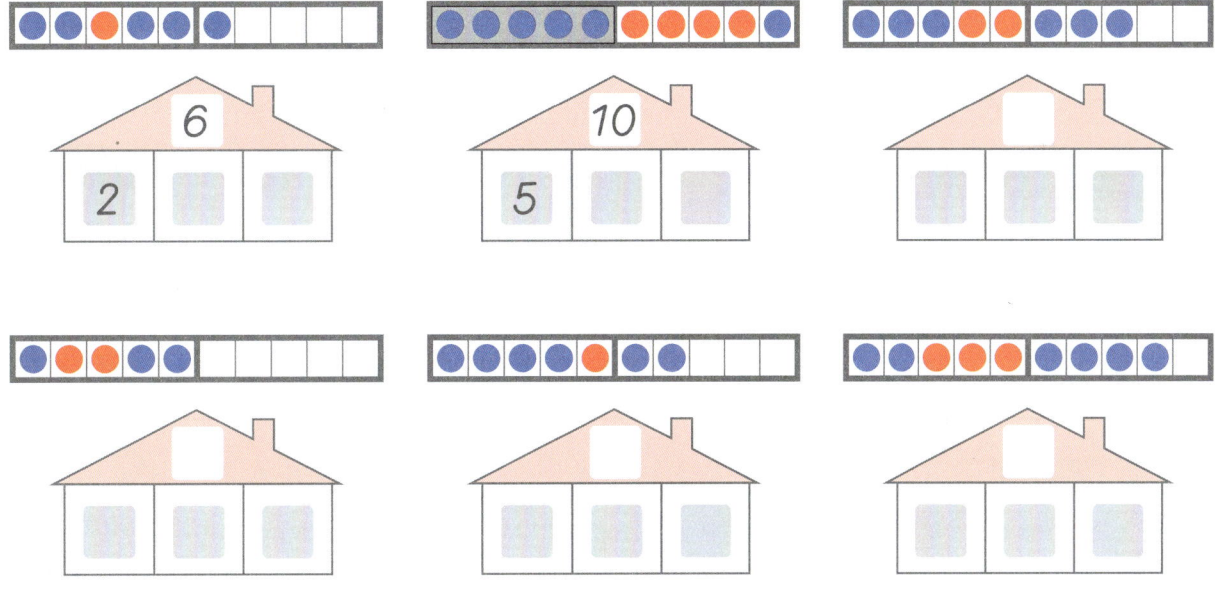

3: Kreise ein. Trage ein.

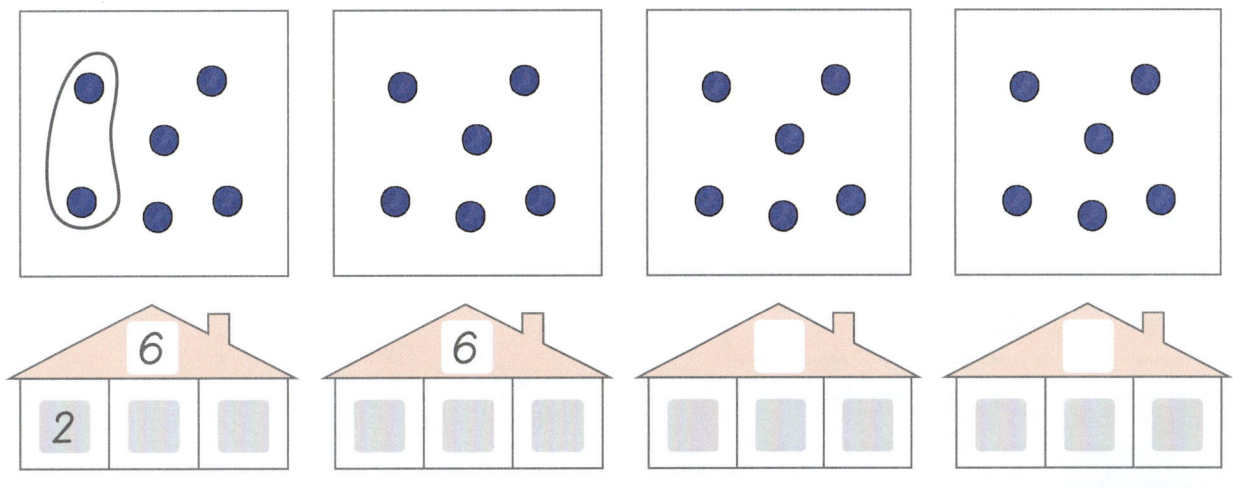

1.

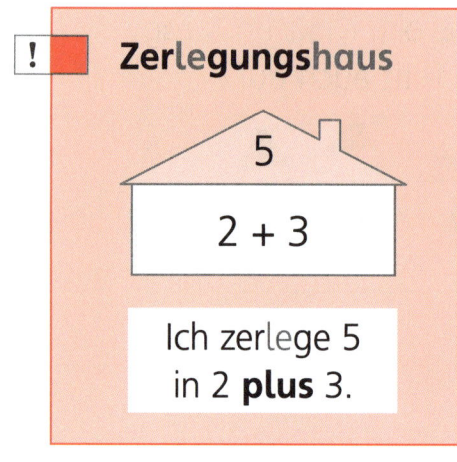

Zerlegungshaus

5

2 + 3

Ich zerlege 5
in 2 **plus** 3.

2. Legt, malt und tragt ein.

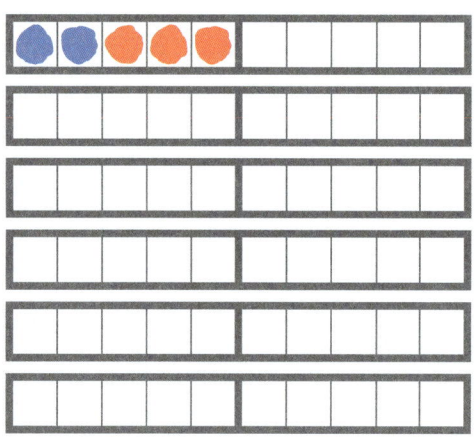

5

2 + 3

_ + _

_ + _

_ + _

_ + _

_ + _

3. Trage ein.

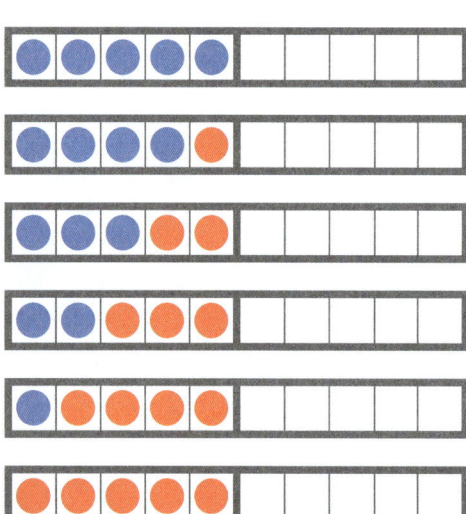

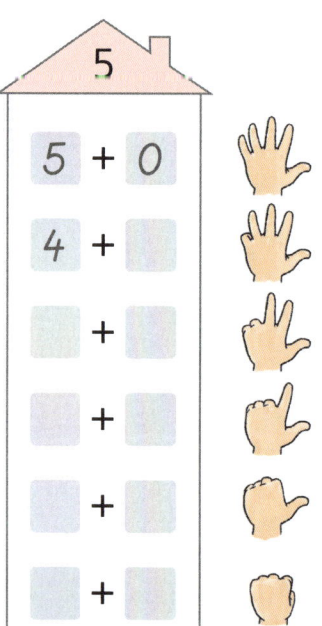

5

5 + 0

4 + _

_ + _

_ + _

_ + _

_ + _

AH, FöH, FoH S. 21

K D 1 Mathematisches Zeichen Plus einführen; Zerlegung der 5 mit Fingerbildern thematisieren
K D 2 Zehnerfeld, Fünferstreifen und Plättchen und ggf. Fingerbilder verwenden **K D 3** Systematischen Aufbau
der Zerlegungen besprechen; ggf. Zehnerfeld, Fünferstreifen und Plättchen und Fingerbilder verwenden

1. Setzt fort. Malt und tragt ein.
Was fällt euch auf?

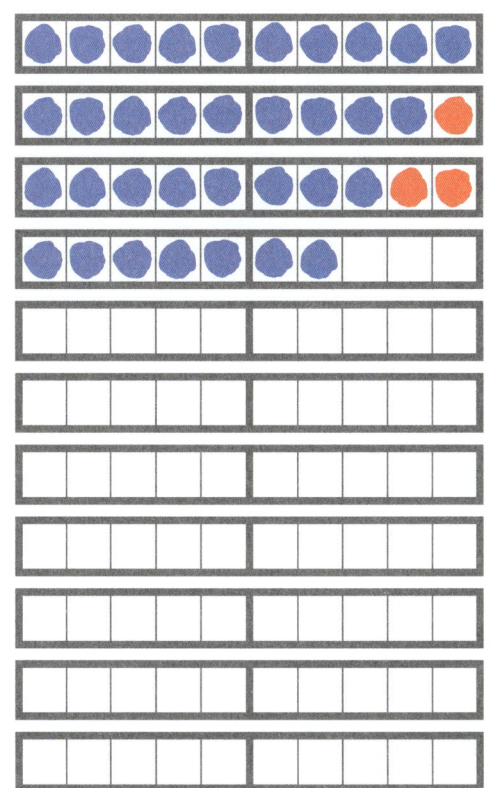

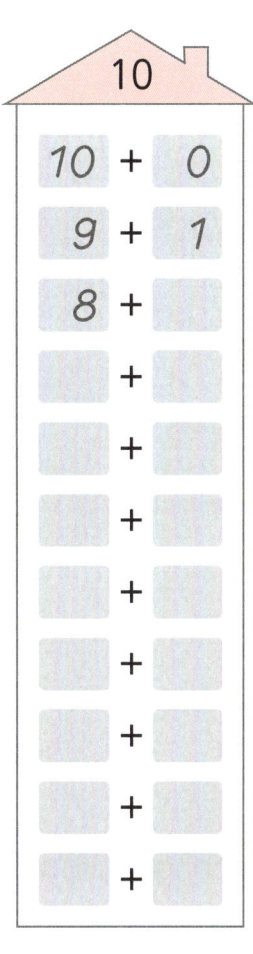

10

10	+	0
9	+	1
8	+	
	+	
	+	
	+	
	+	
	+	
	+	
	+	
	+	

2. Immer 10. Trage ein.

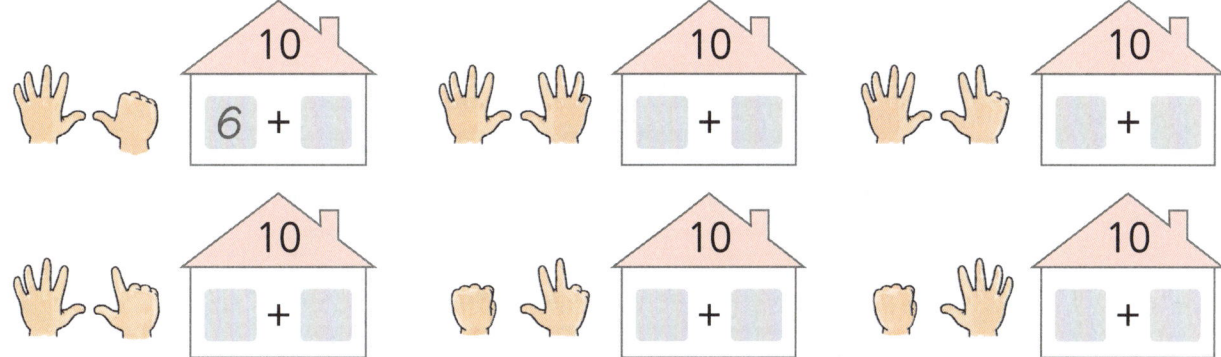

10 — 6 +
10 — +
10 — +
10 — +
10 — +
10 — +

3. Kreist ein. Tragt ein.

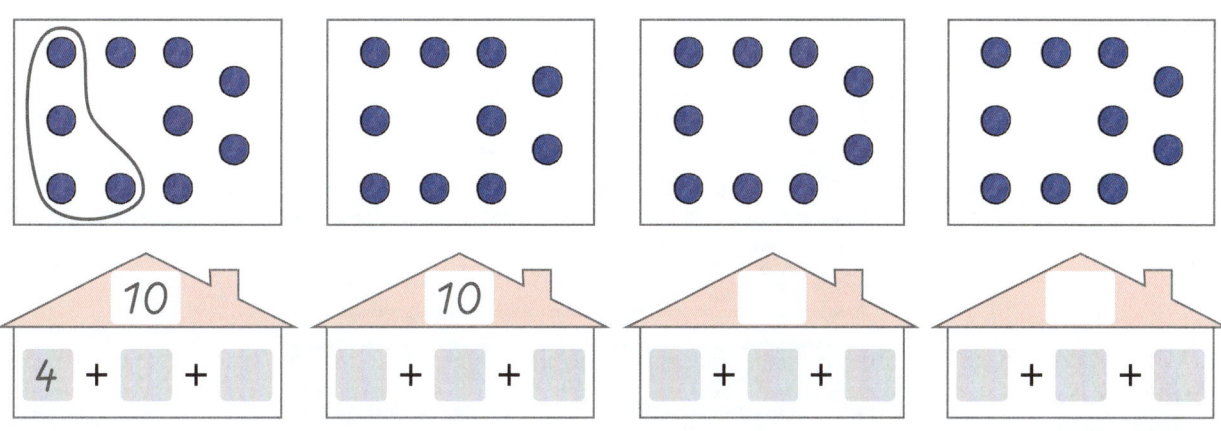

10 — 4 + ⬜ + ⬜
10 — ⬜ + ⬜ + ⬜
— ⬜ + ⬜ + ⬜
— ⬜ + ⬜ + ⬜

K A D 1 Zerlegungen zur 10 finden; ggf. Zehnerfeld, Fünferstreifen und Plättchen und ggf. Fingerbilder verwenden;
Systematischen Aufbau der Zerlegungen besprechen
D 2 Ausgestreckte und eingeklappte Finger beachten; ggf. Fingerbilder verwenden **K D 3**　　　**AH, FöH, FoH S. 22**

25

1. Lege, male und trage ein.

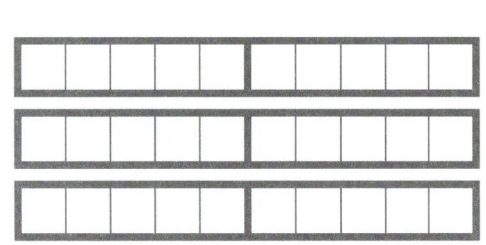

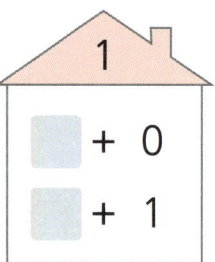

1

☐ + 0

☐ + 1

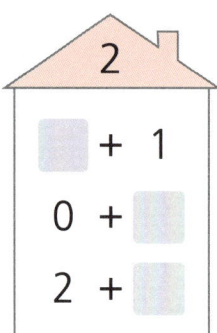

2

☐ + 1

0 + ☐

2 + ☐

2: Legt. Verbindet mit dem richtigen Haus und tragt ein.
Ein Zehnerfeld passt nicht. Begründet.

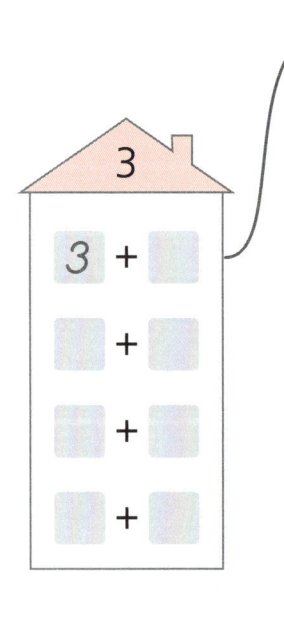

3

3 + ☐

☐ + ☐

☐ + ☐

☐ + ☐

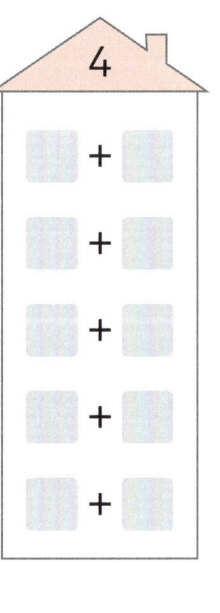

4

☐ + ☐

☐ + ☐

☐ + ☐

☐ + ☐

☐ + ☐

1. Setze fort. Male und trage ein.

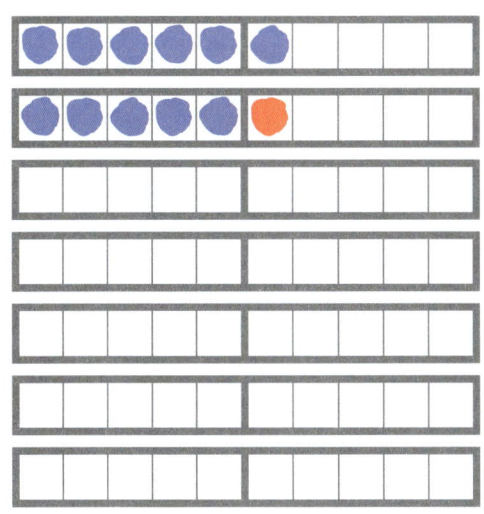

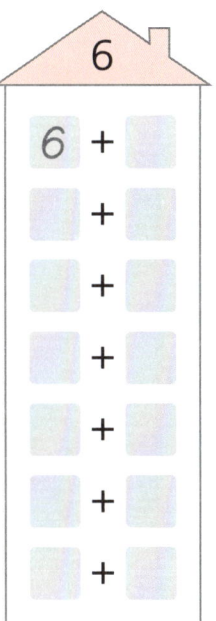

2. Trage ein.

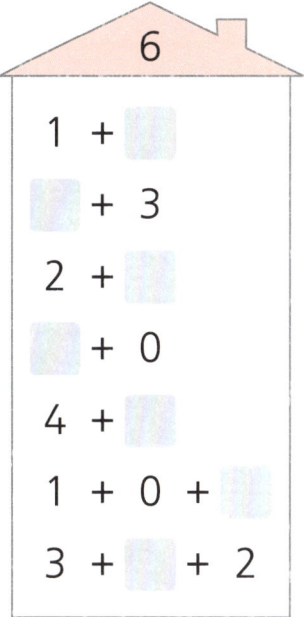

3. Setze fort. Male und trage ein.

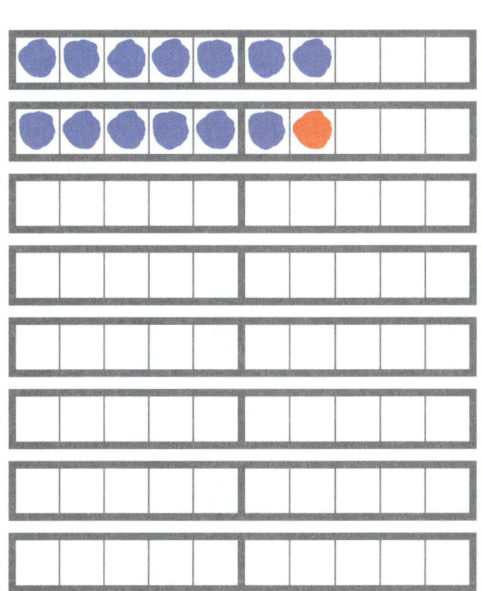

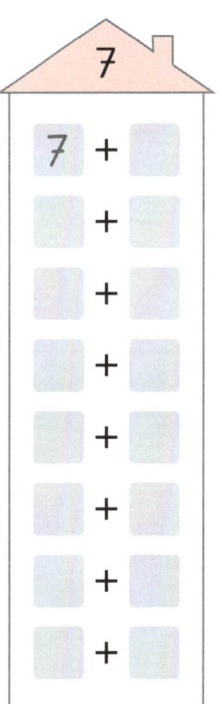

4. Trage ein.

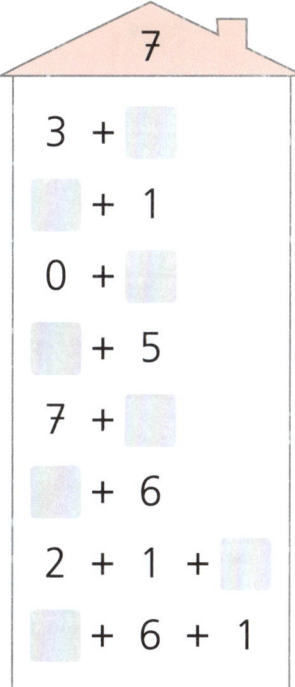

5. Lege. Verbinde mit dem richtigen Haus und trage ein.

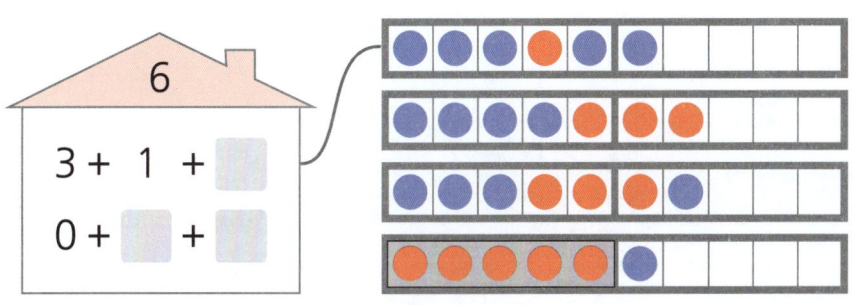

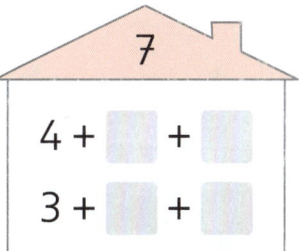

D 1, 3 Systematisch alle Zerlegungen der 6 und 7 finden;
ggf. Zehnerfeld, Fünferstreifen und Plättchen verwenden
2, 4 Ggf. Zehnerfeld, Fünferstreifen und Plättchen verwenden **D** 5

AH, FöH, FoH S. 23

27

1. Setze fort. Male und trage ein.

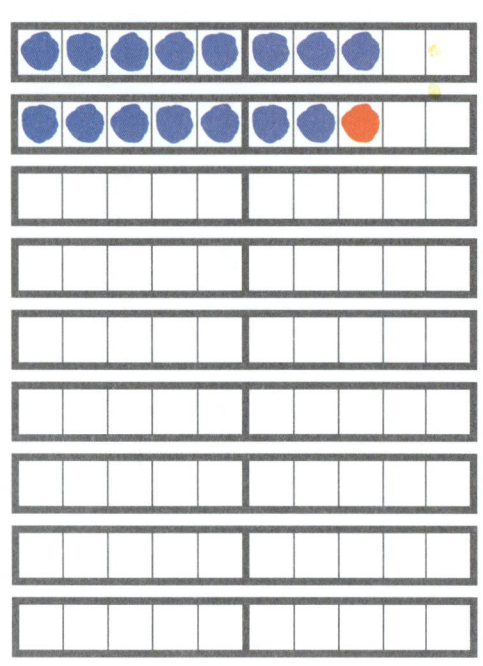

8

8 +

 +

 +

 +

 +

 +

 +

 +

 +

2: Trage ein.

8

5 +

 + 8

1 +

 + 2

3 +

 + 4

 + 6

4 + 1 +

2 + + 3

3. Setze fort. Male und trage ein.

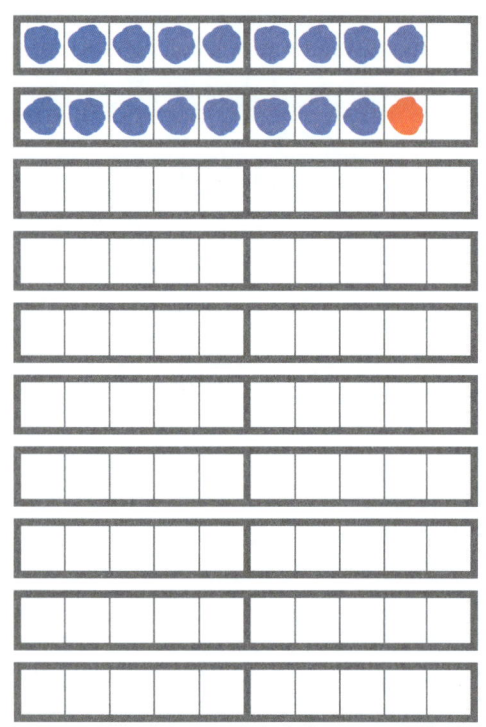

9

9 +

 +

 +

 +

 +

 +

 +

 +

 +

 +

4: Trage ein.

9

7 +

 + 5

3 +

 + 8

0 +

 + 1

6 +

4 + 2 +

2 + + 6

 + 1 + 3

AH, FöH, FoH S. 24

D 1,3 Systematisch alle Zerlegungen der 8 und 9 finden; ggf. Zehnerfeld, Fünferstreifen und Plättchen verwenden
2,4 Ggf. Zehnerfeld, Fünferstreifen und Plättchen verwenden

1. Trage ein.

  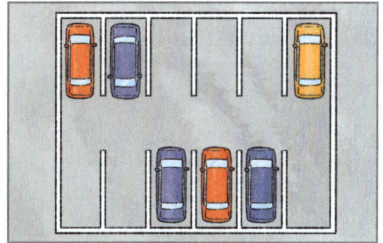

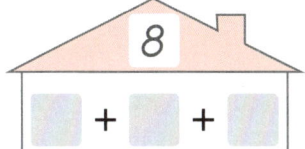 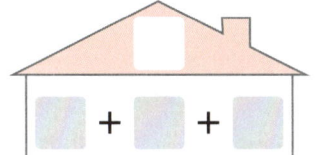 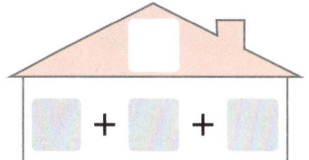

2. Tragt ein. Kreist eine Lieblingsaufgabe ein. Begründet.

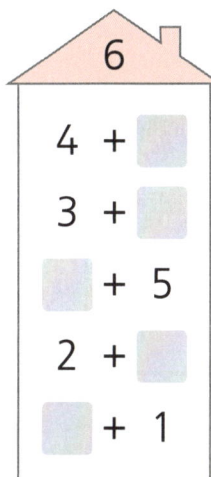 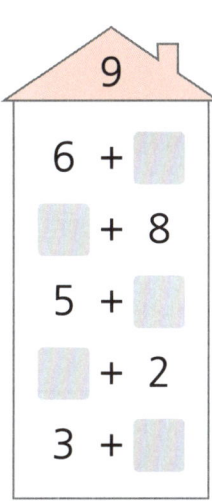 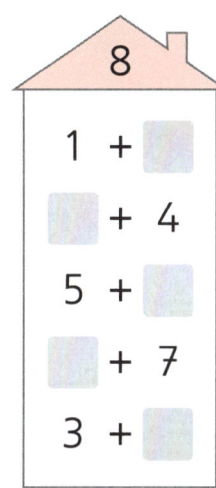 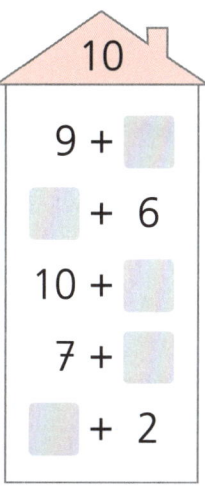

6	9	8	10
4 + ☐	6 + ☐	1 + ☐	9 + ☐
3 + ☐	☐ + 8	☐ + 4	☐ + 6
☐ + 5	5 + ☐	5 + ☐	10 + ☐
2 + ☐	☐ + 2	☐ + 7	7 + ☐
☐ + 1	3 + ☐	3 + ☐	☐ + 2

3. Was kommt häufig vor? Kreuze an. Wirf 4 Plättchen und trage ein.

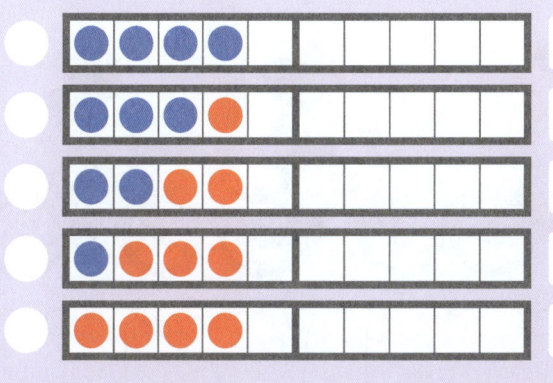 

1. Trage ein.

1.

2. Trage ein.

1. 5.

3. Kind
drittes Kind

3 Kinder
drei Kinder

3. Trage ein.

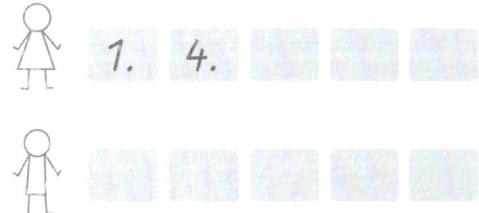

1. 4.

4. Male an.

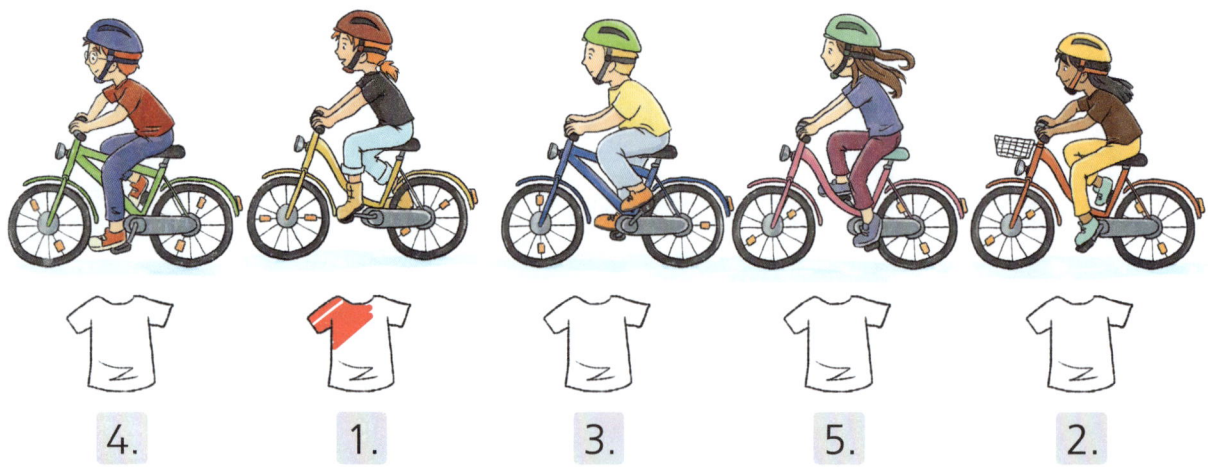

4.   1.   3.   5.   2.

AH, FöH, FoH S. 25

K M W 1–3 Bedeutung der Rangfolge besprechen
M W 4

1. Trage ein.

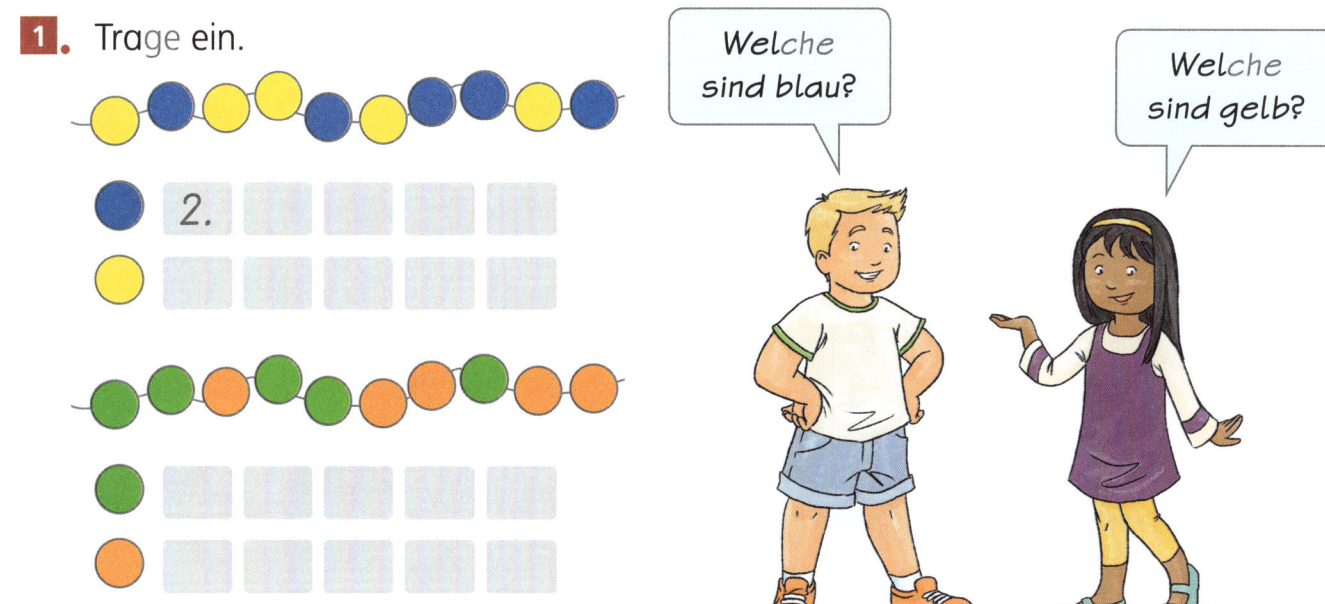

Welche sind blau?

Welche sind gelb?

2. Male an.

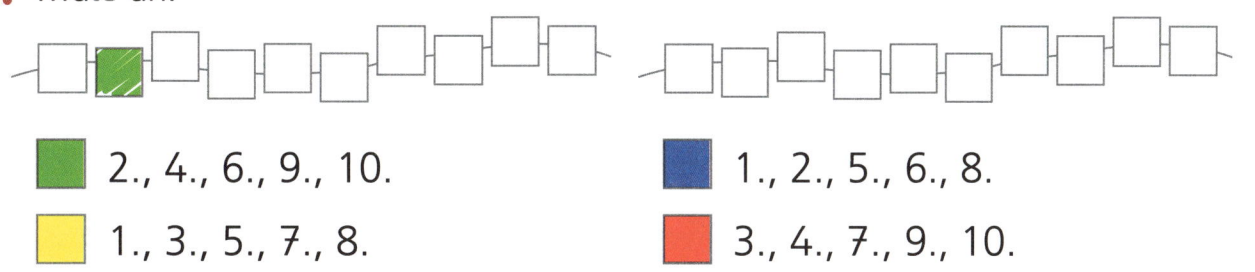

🟩 2., 4., 6., 9., 10.

🟨 1., 3., 5., 7., 8.

🟦 1., 2., 5., 6., 8.

🟥 3., 4., 7., 9., 10.

3: Trage ein.

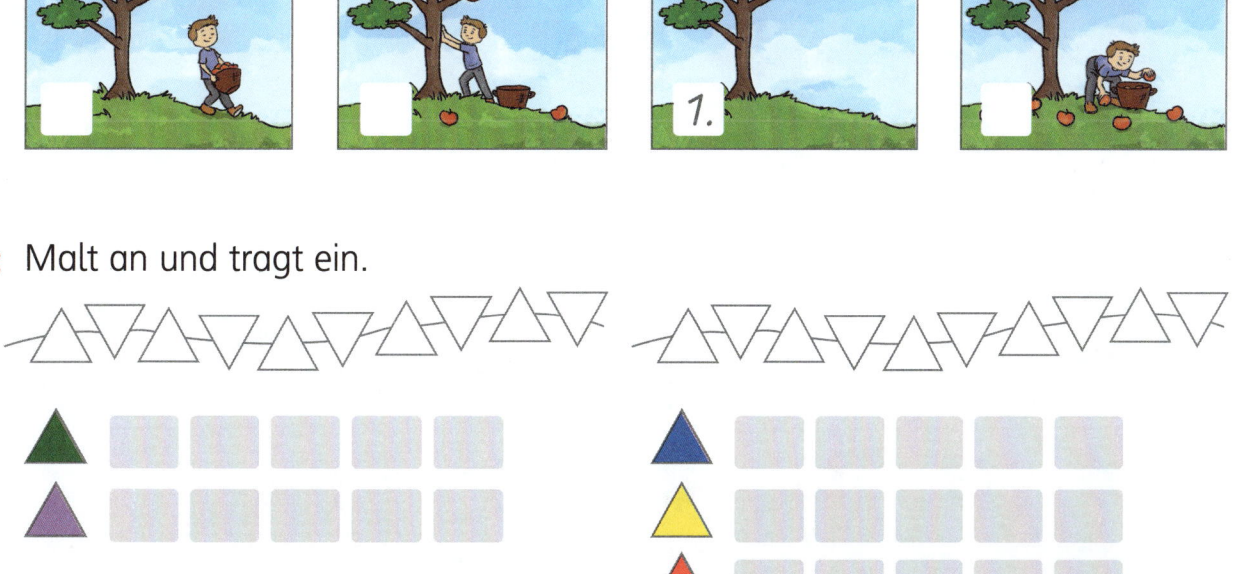

4: Malt an und tragt ein.

1. Welche Formen findest du im Bild?

Kreis

Dreieck

Rechteck

Quadrat

2. Spure mehrfach nach.

 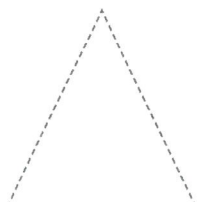  

3. Zähle und trage ein.

〰️ (blau)	〰️ (lila)	〰️ (orange)	〰️ (grün)	◯	△	☐	▭
4							

AH, FöH, FoH S. 26

K A 1 Formen in der Umwelt erkennen und mit Fachbegriffen benennen; ggf. Formen fotografieren und der Klasse präsentieren

1. Lege nach, zähle und trage ein.

2: Lege nach, zähle und trage ein.
Finde eine weitere Lösung.

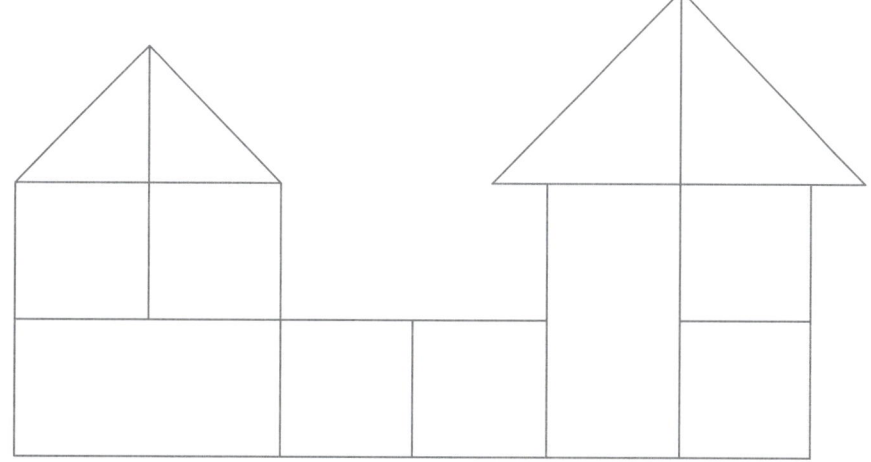

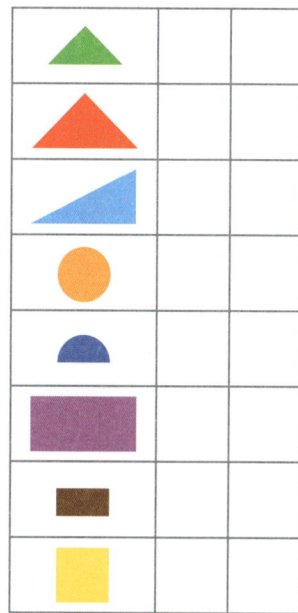

3: Kannst du ein Auto legen? Begründe.

▲	▲	◢	●	◗	▬	▪	■
2	0	0	1	2	1	1	1

1 Geoplättchen verwenden **K P 2** Problemorientiert verschiedene Legemöglichkeiten finden, diskutieren und präsentieren; Geoplättchen verwenden
P K A 3 Geoplättchen verwenden

AH, FöH, FoH S. 27

1. Lege aus. Zähle und trage ein.

2: Lege das Haus nur mit Dreiecken aus. Was fällt dir auf?

3: Lege aus, zähle und trage ein. Finde eine weitere Lösung.

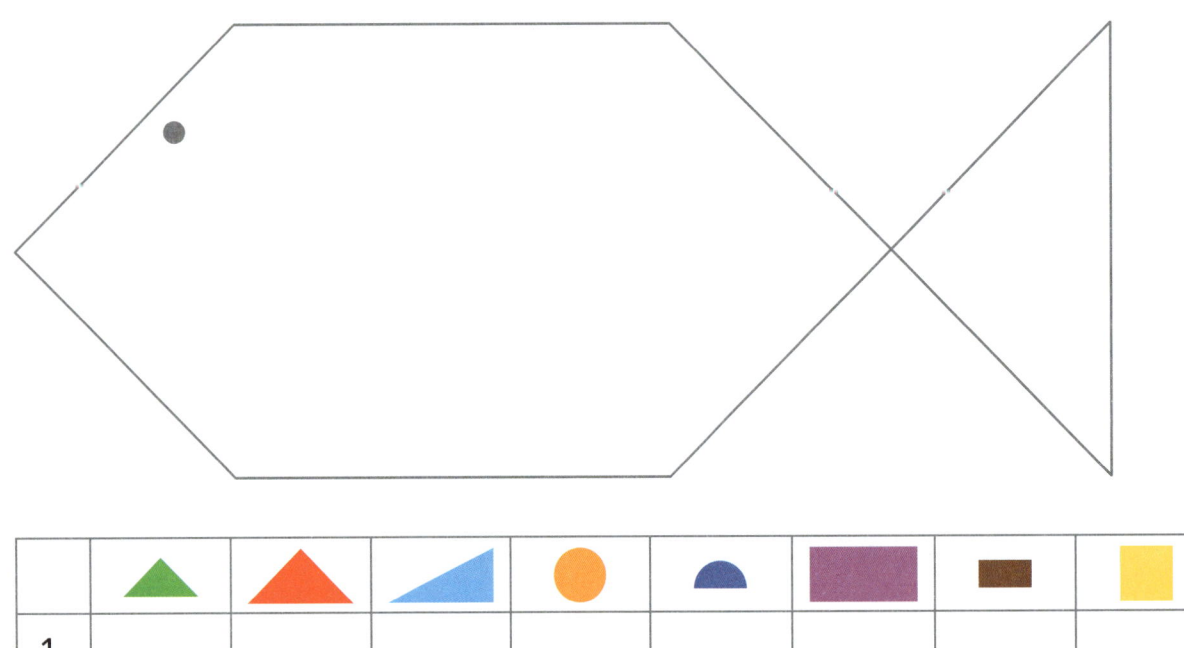

AH, FöH, FoH S. 27

P 1 Ggf. ausgelegte Geoplättchen nachspuren; Geoplättchen verwenden
K A 2 Lösungswege vergleichen und bewerten; Geoplättchen verwenden
P K A 3 Verschiedene Möglichkeiten durch Auslegen finden; Geoplättchen verwenden

1. Welche Formen findest du im Bild?

Kandinsky: Weiches Hart 1927

2. Stelle eigene Formen her.

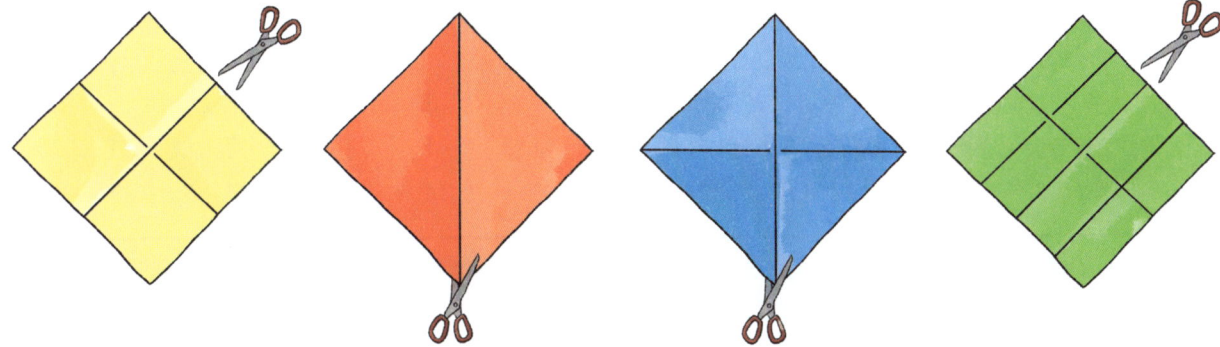

3. Lege und klebe mit deinen Formen ein Kunstwerk.

K 1 Bild unter mathematischen Gesichtspunkten betrachten; Fachbegriffe der Formen festigen
2 Eigene Formen durch Falten und Schneiden eines Quadrats herstellen; Variation durch Farbe
und Größe möglich   **M** 3 Ggf. mit Kunstwerken eine Klassenausstellung machen

35

Geobrett

1. Spanne nach.

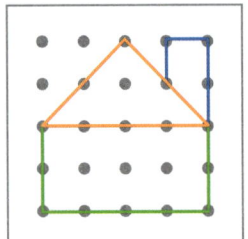 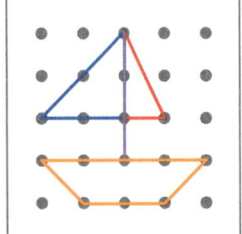

2. Erfinde eigene Figuren. Zeichne ein.

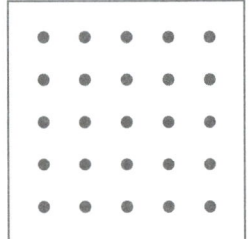 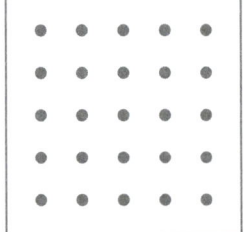

3. Spanne verschiedene Rechtecke. Zeichne ein.

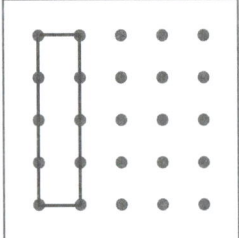 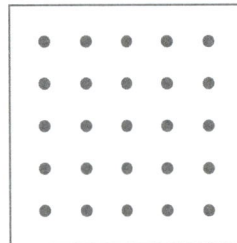 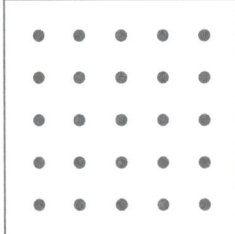 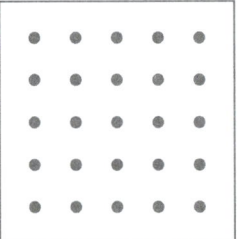

4. Spanne verschiedene Quadrate. Zeichne ein.

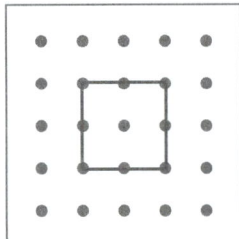 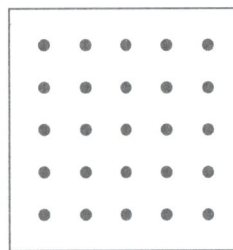 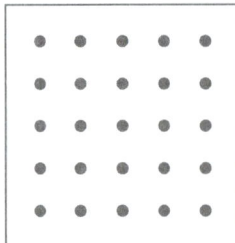 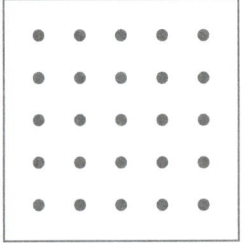

5. Spannt nach. Verändert immer nur eine Ecke. Zeichnet ein.

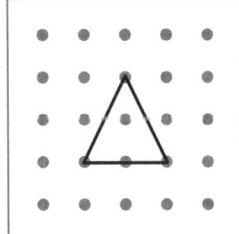 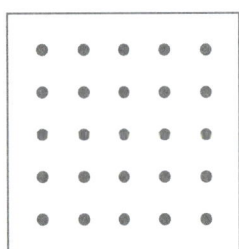 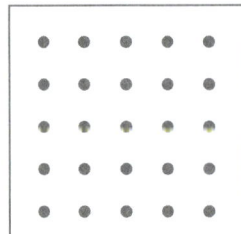 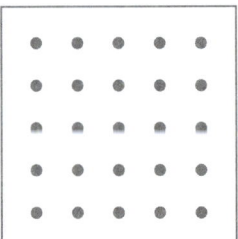

6. Spannt nach. Verändert die Größe der Figur.

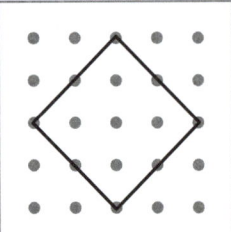 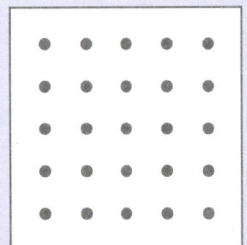 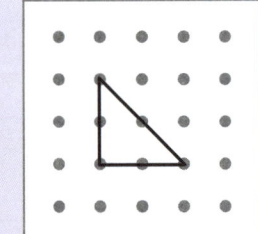 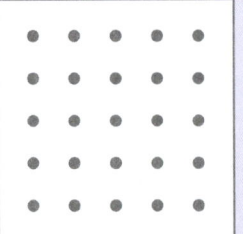

1.

2. Setze fort.

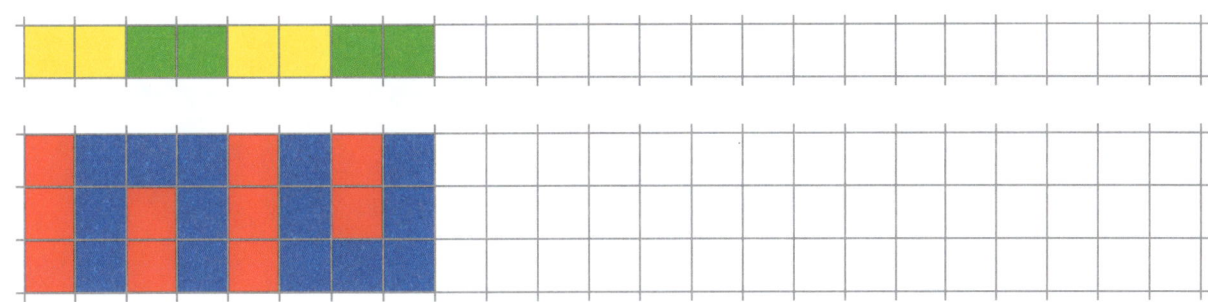

3. Erfinde ein eigenes Muster. Male ins Heft.

4. Setze fort.

5. Finde den Fehler. Begründe.

1. Baue nach und male.

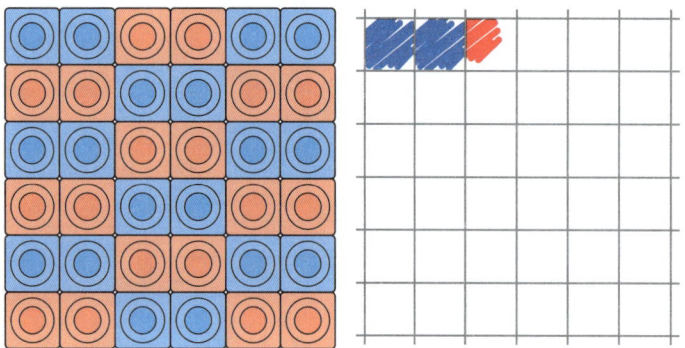

2. Male weiter.

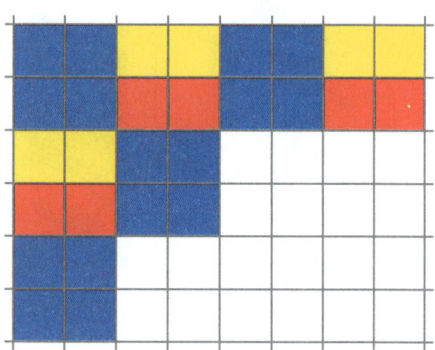

3. Male weiter.

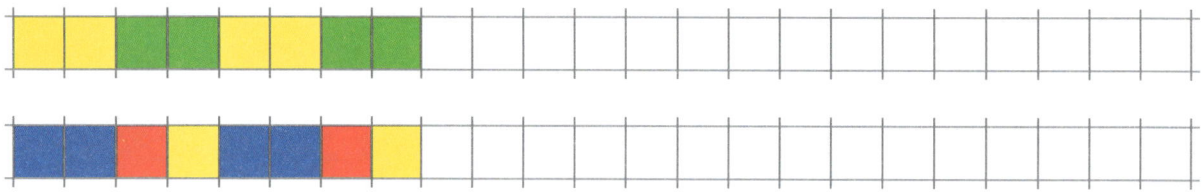

4. Lege nach und male.

5. Lege und setze fort.

AH, FöH, FoH S. 28

Ⓚ Ⓓ **1 2,3** Muster entdecken und fortsetzen
4 Muster entdecken und fortsetzen; Geoplättchen verwenden
Ⓚ **5** Dargestellte Mandalas nachlegen; Geoplättchen verwenden

1. Trage ein.

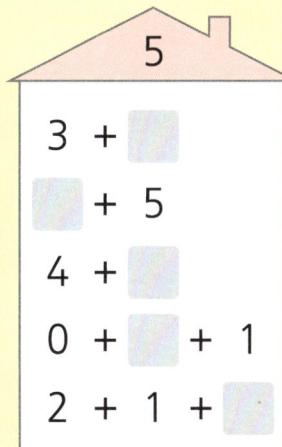
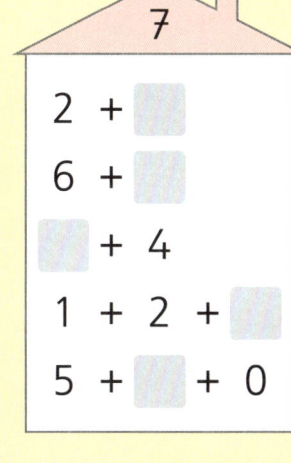
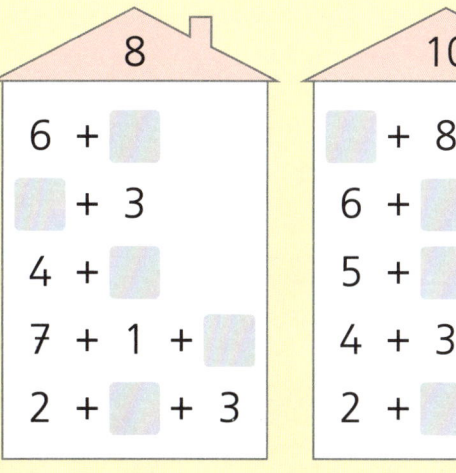

House 5:
3 + ☐
☐ + 5
4 + ☐
0 + ☐ + 1
2 + 1 + ☐

House 7:
2 + ☐
6 + ☐
☐ + 4
1 + 2 + ☐
5 + ☐ + 0

House 8:
6 + ☐
☐ + 3
4 + ☐
7 + 1 + ☐
2 + ☐ + 3

House 10:
☐ + 8
6 + ☐
5 + ☐
4 + 3 + ☐
2 + ☐ + 7

2. Trage ein.

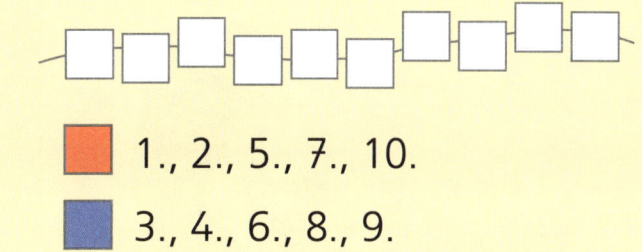

🟡 2. ☐ ☐ ☐ ☐

🔺 ☐ ☐ ☐ ☐

3. Male an.

🟧 1., 2., 5., 7., 10.
🟦 3., 4., 6., 8., 9.

4. Male an.

5. Setze fort.

3 *plus* 2 *ist gleich* 5

> **Plusaufgabe**
>
> $3 + 2 = 5$
>
> 3 plus 2 ist gleich 5

2. Erzählt, malt und rechnet.

☐ + ☐ = ☐   ☐ + ☐ = ☐

3: Erfinde Rechengeschichten. Lege Plättchen.

☐ + ☐ = ☐

AH, FöH, FoH S. 29

Ⓚ Ⓜ Ⓓ Ⓦ **1, 2** Rechengeschichte mathematisch deuten und darstellen
Ⓚ Ⓜ Ⓓ Ⓦ **3** Rechengeschichten erfinden, in Partnerarbeit diskutieren und der Klasse präsentieren;
Zehnerfeld und Plättchen verwenden

1. Male und rechne.

▢ + ▢ = ▢   ▢ + ▢ = ▢

2. Ergänze das Bild. Male und rechne.

1 + 2 = ▢   5 + 3 = ▢

3: Male eigene Rechengeschichten und rechne.

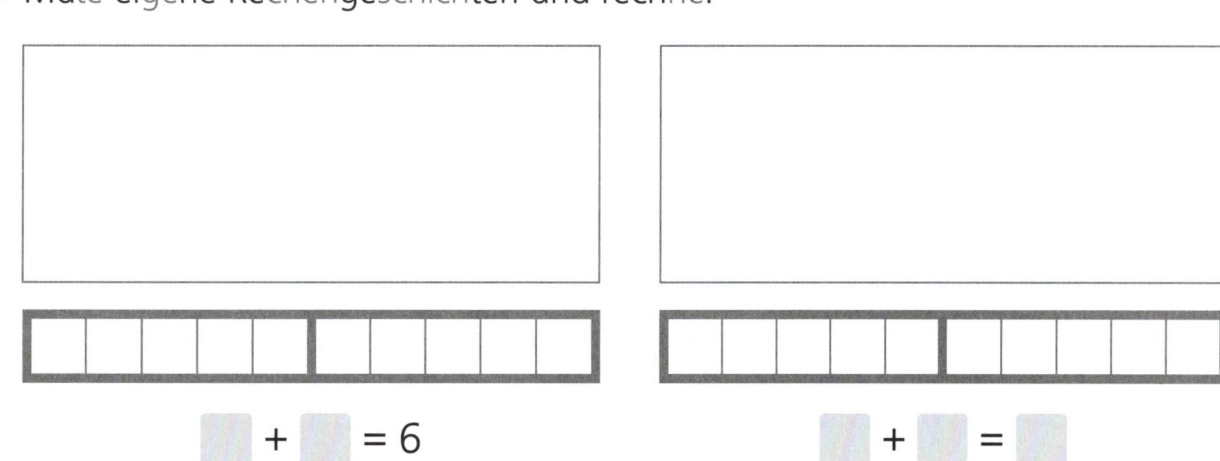

▢ + ▢ = 6   ▢ + ▢ = ▢

4: Wähle eine Aufgabe. Male eine Rechengeschichte.

○ 3 + 1   ○ 5 + 1

○ 5 + 4   ○ 6 + 4

Ⓜ Ⓓ Ⓦ 1 Rechengeschichten deuten und darstellen
Ⓜ Ⓓ Ⓦ 2 Ⓚ Ⓜ Ⓓ Ⓦ 3
Ⓚ Ⓜ Ⓓ Ⓦ 4 Rechengeschichten erfinden, in Partnerarbeit diskutieren und der Klasse präsentieren   **AH, FöH, FoH S. 29**

41

1.

$$5 + 2 = \boxed{}$$

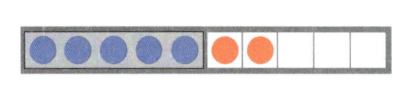 

2. Legt wie Emma und Mira. Vergleicht und rechnet.

$2 + 3 = \boxed{}$ $3 + 3 = \boxed{}$ $2 + 5 = \boxed{}$

$5 + 3 = \boxed{}$ $4 + 3 = \boxed{}$ $7 + 2 = \boxed{}$

$2 + 7 = \boxed{}$ $9 + 1 = \boxed{}$ $5 + \boxed{} = 6$

3. Lege, male und rechne.

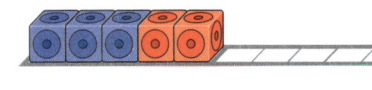  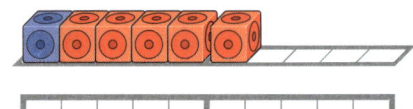

$3 + 2 = \boxed{}$ $\boxed{} + \boxed{} = \boxed{}$ $\boxed{} + \boxed{} = \boxed{}$

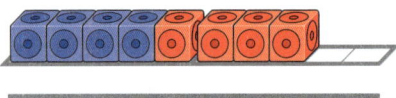 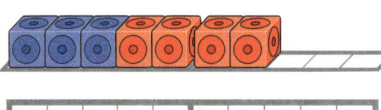 
  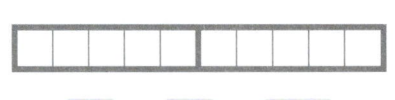
 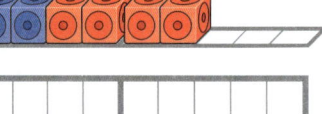 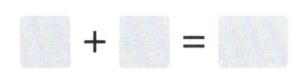

$\boxed{} + \boxed{} = \boxed{}$ $\boxed{} + \boxed{} = \boxed{}$ $\boxed{} + \boxed{} = \boxed{}$

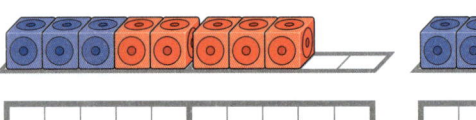 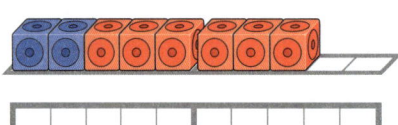 
  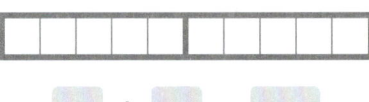
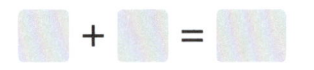

$\boxed{} + \boxed{} = \boxed{}$ $\boxed{} + \boxed{} = \boxed{}$ $\boxed{} + \boxed{} = \boxed{}$

W 1   K D 1,2 Strukturen in Anschauungsmitteln vergleichen und Rechnungen darstellen; Steckwürfel, Zehnerfeld und Plättchen verwenden   D 3 Enaktive, ikonische und symbolische Ebene verknüpfen; Steckwürfel und Zehnerfeld verwenden

1. Verbinde. Eine Aufgabe bleibt übrig.

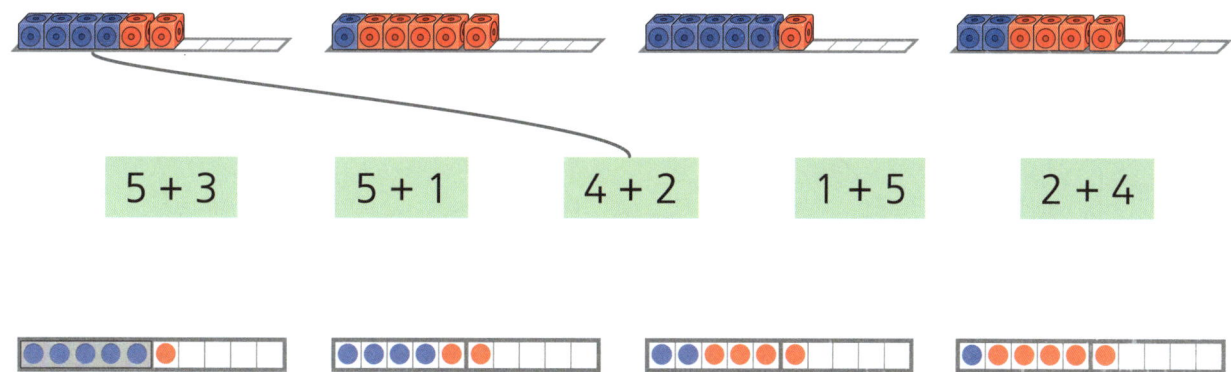

| 5 + 3 | 5 + 1 | 4 + 2 | 1 + 5 | 2 + 4 |

2. Lege und rechne.

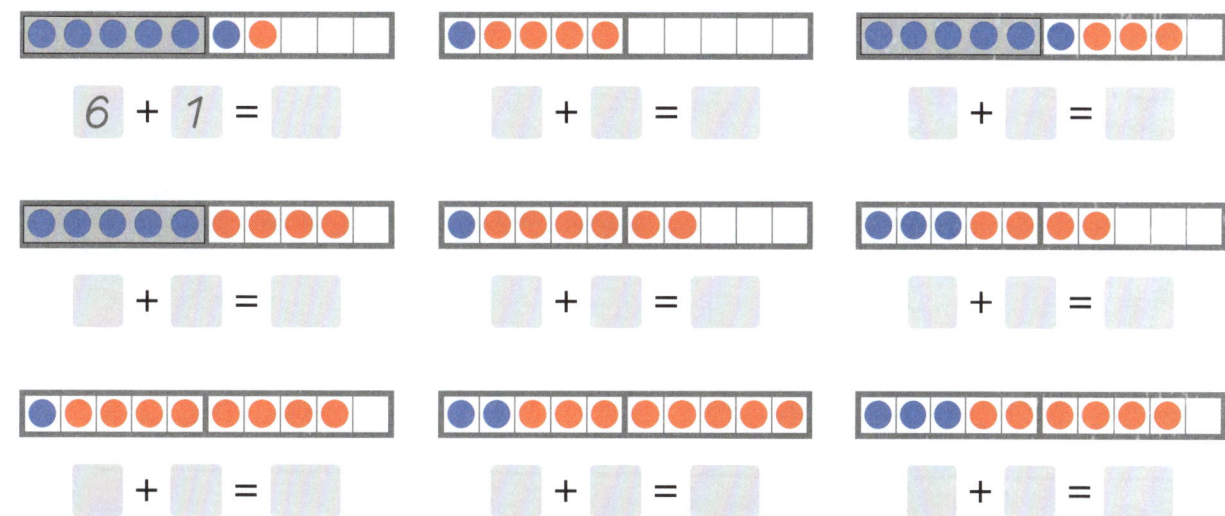

6 + 1 = ___   ___ + ___ = ___   ___ + ___ = ___

___ + ___ = ___   ___ + ___ = ___   ___ + ___ = ___

___ + ___ = ___   ___ + ___ = ___   ___ + ___ = ___

3: Lege, male und rechne.

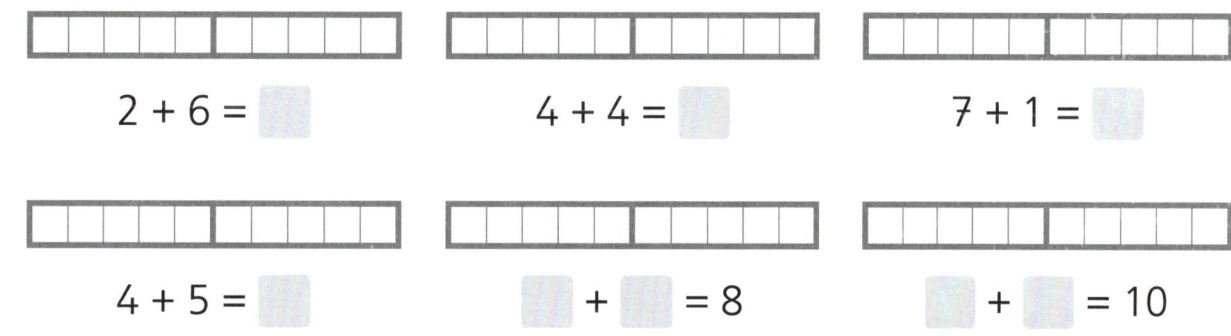

2 + 6 = ___   4 + 4 = ___   7 + 1 = ___

4 + 5 = ___   ___ + ___ = 8   ___ + ___ = 10

4: Lege und rechne.

4 + 1 = ___   5 + 2 = ___   7 + 2 = ___   8 + 2 = ___

5 + 1 = ___   5 + 3 = ___   6 + 3 = ___   9 + 1 = ___

1. Ordne zu und rechne. Erzähle die Geschichten.

~~3 + 4~~   7 + 3   4 + 2   3 + 2   6 + 2   2 + 5   3 + 3   3 + 6

3 + 4 =

2: Welche Rechnung passt zum Bild? Kreuzt an und begründet.

5 + 2	7 + 2		3 + 2	5 + 2
2 + 5	7 + 5		2 + 3	5 + 3

AH, FöH, FoH S. 30

Ⓚ Ⓜ Ⓦ **1** Aufgaben in Sachsituationen entdecken
Ⓚ Ⓐ Ⓜ Ⓦ **2** Aufgaben Sachsituationen zuordnen

1. Lege, male und setze fort.
Was fällt dir auf?

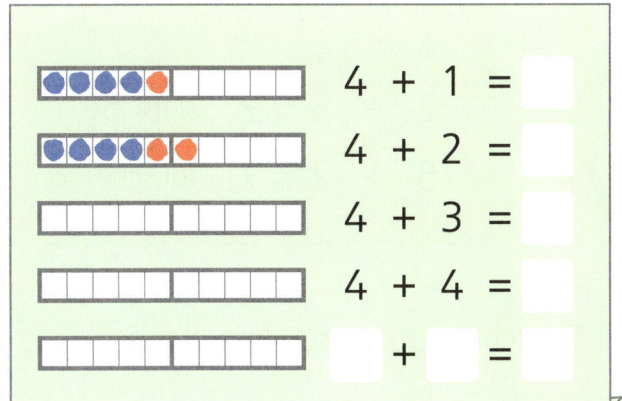

4 + 1 =

4 + 2 =

4 + 3 =

4 + 4 =

☐ + ☐ =

! Schöne Päckchen – Plus

1. Zahl		2. Zahl		Ergebnis
2	+	1	=	3
2	+	2	=	4
2	+	3	=	5
2	+	4	=	6

Du kannst **schöne Päckchen** fortsetzen.

 2. Malt und rechnet im Heft. Was fällt euch auf?

5 + 1
5 + 2
5 + 3
5 + 4
5 + 5

5 + 4
4 + 4
3 + 4
2 + 4
1 + 4

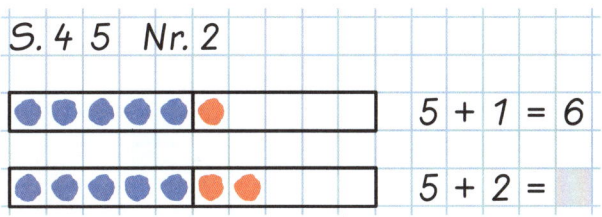

S. 4 5 Nr. 2

5 + 1 = 6

5 + 2 =

3: Setze fort und rechne.

3 + 2 =
4 + 2 =
5 + 2 =
6 + ☐ =
☐ + ☐ =

1 + 1 =
2 + 2 =
3 + 3 =
4 + ☐ =
☐ + ☐ =

8 + 1 =
7 + 1 =
6 + 1 =
☐ + 1 =
☐ + ☐ =

6 + 1 =
5 + 2 =
4 + 3 =
3 + ☐ =
☐ + ☐ =

 **4:** Findet ein eigenes schönes Päckchen.
Legt, malt und rechnet im Heft.

S. 4 5 Nr. 4

☐ + ☐ = ☐

Ⓚ Ⓐ Ⓓ Ⓦ **1, 2** Regelmäßigkeiten bei Summanden und Ergebnis entdecken;
Zehnerfeld und Plättchen verwenden **3** Schöne Päckchen auf symbolischer Ebene lösen
Ⓚ Ⓐ Ⓓ **4** Zehnerfeld und Plättchen verwenden Weitere Übungen auf S. 128 **AH, FöH, FoH S. 31**

45

1: Wer hat recht? Begründe.

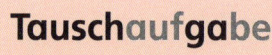

Aber ich sehe 5 + 2

Ich sehe 2 + 5

Tauschaufgabe

1. Zahl   2. Zahl

$2 + 5 = 7$ Aufgabe

$5 + 2 = 7$ Tauschaufgabe

2. Legt Aufgaben. Schreibt Aufgabe und Tauschaufgabe ins Heft. Rechnet.

Nehmt 5 Plättchen.
Nehmt 7 Plättchen.
Nehmt 8 Plättchen.

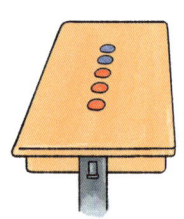

S. 4 6 Nr. 2			
$2 + 3 = 5$		$4 + 1 =$	
$3 + 2 =$		$1 +$ $=$	

3. Rechne Aufgabe und Tauschaufgabe.

$2 + 4 =$
$\ +\ =$

$3 +\ =$
$\ +\ =$

$\ +\ =$
$\ +\ =$

4. Rechne Aufgabe und Tauschaufgabe.

$1 + 4 =$
$\ +\ =$

$6 + 2 =$
$\ +\ =$

$2 + 1 =$
$\ +\ =$

$4 + 6 =$
$\ +\ =$

$2 + 8 =$
$\ +\ =$

$1 + 9 =$
$\ +\ =$

5. Rechne Aufgabe und Tauschaufgabe im Heft.

$2 + 4 =$

$7 + 1 =$

$1 + 5 =$

S. 4 6 Nr. 5		
$2 + 4 = 6$	$7 + 1 =$	
$4 + 2 =$	$1 + 7 =$	

$4 + 5 =$

$3 + 7 =$

$2 + 9 =$

AH, FöH, FoH S. 32

K A D W **1** Tauschaufgaben über unterschiedliche Ansichten einführen
K D W **2** Tauschaufgaben entdecken; Plättchen verwenden   W **3**
3–5 Tauschaufgaben auf symbolischer Ebene lösen

1 Wer ist schneller? Begründe.

2 Welche Aufgabe ist leichter? Kreist ein und begründet.

2 + 7   3 + 5   4 + 6
7 + 2   5 + 3   6 + 4

6 + 1   9 + 1   2 + 4
1 + 6   1 + 9   4 + 2

Achte auf die 2. Zahl.

3 Rechne zuerst die leichte Aufgabe.

2 + 1 = [ ]   2 + 8 = [ ]   6 + 3 = [ ]   3 + 7 = [ ]
1 + 2 = [ ]   8 + 2 = [ ]   3 + 6 = [ ]   7 + 3 = [ ]

1 + 3 = [ ]   1 + 5 = [ ]   4 + 3 = [ ]   4 + 5 = [ ]
3 + 1 = [ ]   5 + 1 = [ ]   3 + 4 = [ ]   5 + 4 = [ ]

4 Hilft dir die Tauschaufgabe? Kreuze an und rechne.

◯ 1 + 8 = [ ]   ◯ 2 + 7 = [ ]   ◯ 2 + 5 = [ ]   ◯ [ ] = 3 + 7
◯ 4 + 1 = [ ]   ◯ 7 + 1 = [ ]   ◯ 3 + 5 = [ ]   ◯ [ ] = 3 + 9

5 Die Rechnung soll stimmen. Setze Zahlen ein.

[ ] + 8 = [ ] + 2   7 + [ ] = 3 + [ ]   💡 [ ] + [ ] = [ ] + [ ]

Ⓚ Ⓐ Ⓦ **1** Rechenvorteile von Tauschaufgaben entdecken; Stoppuhr verwenden
Ⓚ Ⓐ Ⓦ **2** Ⓦ **3, 4** Rechenvorteile erkennen und anwenden
Ⓟ Ⓦ **5** Vorwissen zur Tauschaufgabe zum Lösen und Erfinden der Gleichung nutzen

AH, FöH, FoH S. 32

47

1:

2. Wie viele sind verdeckt? Ergänze.

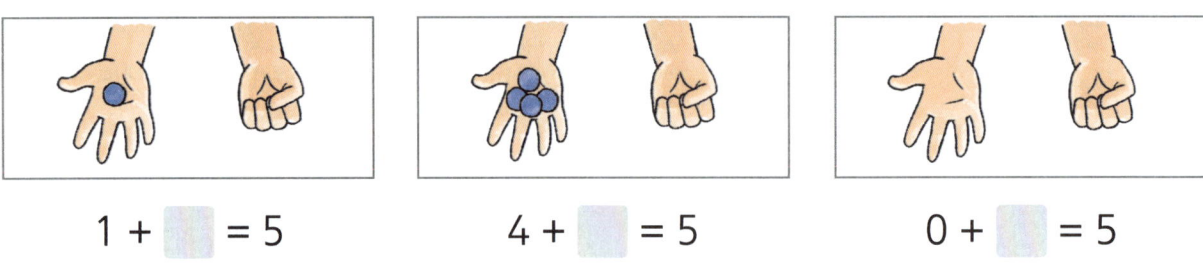

$1 + \boxed{} = 5$ $4 + \boxed{} = 5$ $0 + \boxed{} = 5$

3. Wie viele sind verdeckt? Ergänze.

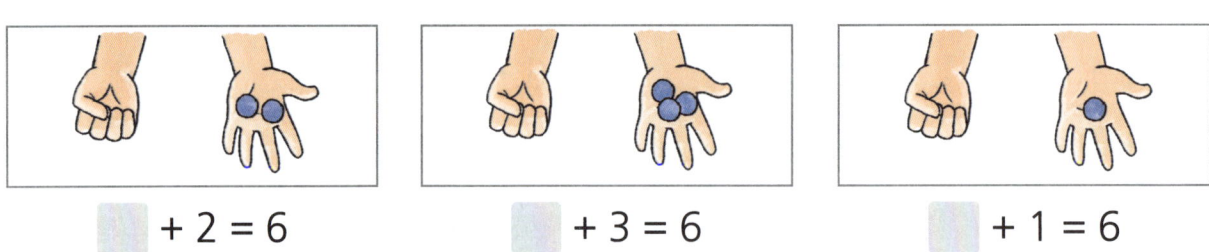

$\boxed{} + 2 = 6$ $\boxed{} + 3 = 6$ $\boxed{} + 1 = 6$

4: Ergänze.

$8 + \boxed{} = 10$ $\boxed{} + 2 = 6$ $2 + \boxed{} = 9$ $5 = 3 + \boxed{}$

$5 + \boxed{} = 10$ $\boxed{} + 4 = 6$ $\boxed{} + 6 = 8$ $8 = 3 + \boxed{}$

$4 + \boxed{} = 10$ $\boxed{} + 4 = 7$ $\boxed{} + 3 = 7$ $10 = \boxed{} + 4$

5: Rechne im Heft.

$1 + \blacksquare = 4$

$\blacksquare + 5 = 5$

$1 + \blacksquare = 6$

S. 4 8	Nr. 5
1 + 3	= 4

$\blacksquare + 2 = 8$ $2 + \blacksquare = 6$

$3 + \blacksquare = 9$ $\blacksquare + 5 = 10$

$\blacksquare + 1 = 10$ $4 + \blacksquare = 7$

AH, FöH, FoH S. 33

K A D 1 Ergänzungsaufgaben und Zahlzerlegungen verknüpfen
D 2,3 Ergänzungsaufgaben mit visueller Unterstützung lösen
4,5 Ergänzungsaufgaben auf symbolischer Ebene lösen

1: Kannst du die Rechendreiecke lösen? Erkläre deine Ideen.

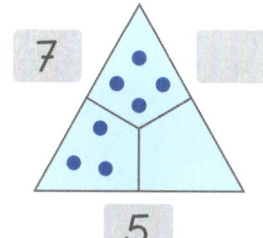 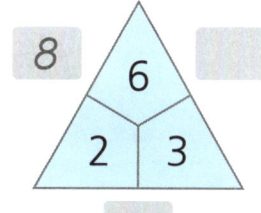 

2. Rechne.

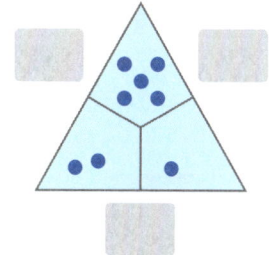 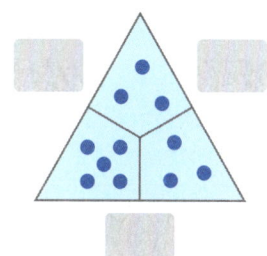 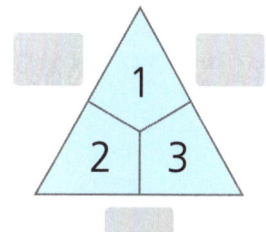 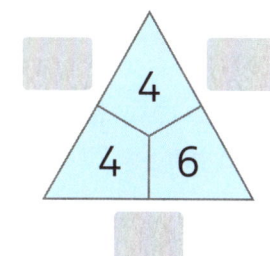

3. Rechne.

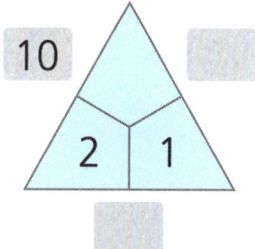 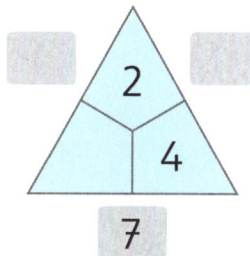 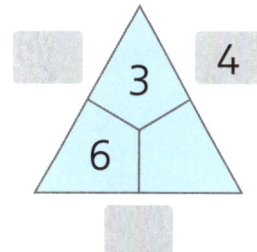 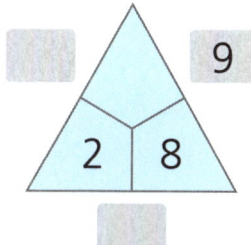

4: Rechne.

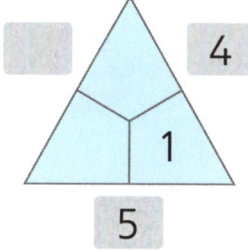 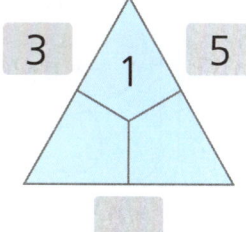 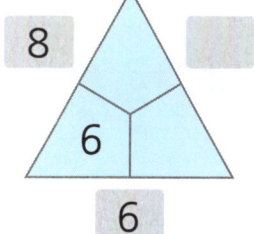 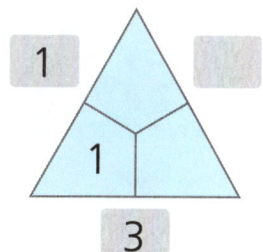

5: Finde die Lösung.

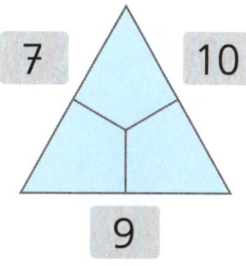 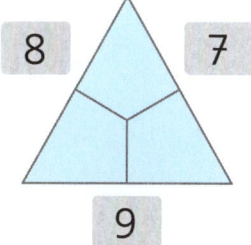

6: Kann das sein? Begründet.

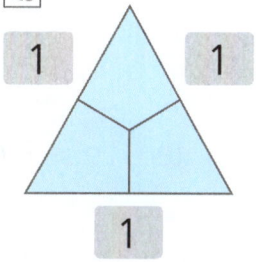 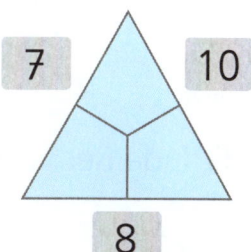

🅟🅚🅐🅓 **1** Prinzip der Rechendreiecke selbst erschließen; Plättchen verwenden
🅓 **2** 🅟🅚 **5** Lösungen durch Probieren finden; ggf. Plättchen verwenden
🅟🅚🅐 **6** Vorwissen nutzen, um Aussagen zu begründen   Weitere Übungen auf S. 128

AH, FöH, FoH S. 34

49

1.

5 minus 2 ist gleich 3

> **Minusaufgabe**
>
> 5 − 2 = 3
>
> 5 minus 2 ist gleich 3

!

2. Erzählt, malt und rechnet.

☐ − ☐ = ☐   ☐ − ☐ = ☐

3. Erfinde Rechengeschichten. Lege Plättchen.

☐ − ☐ = ☐

AH, FöH, FoH S. 35

Ⓚ Ⓜ Ⓓ Ⓦ **1,2** Rechengeschichte mathematisch deuten und darstellen
Ⓚ Ⓜ Ⓓ Ⓦ **3** Rechengeschichten erfinden, in Partnerarbeit diskutieren und der Klasse präsentieren; Zehnerfeld und Plättchen verwenden

1. Male und rechne.

☐ ☐ ☐ ☐ ☐ ☐ ☐ ☐ ☐ ☐   ☐ ☐ ☐ ☐ ☐ ☐ ☐ ☐ ☐ ☐

☐ – ☐ = ☐   ☐ – ☐ = ☐

2. Streiche im Bild durch. Male und rechne.

☐ ☐ ☐ ☐ ☐ ☐ ☐ ☐ ☐ ☐   ☐ ☐ ☐ ☐ ☐ ☐ ☐ ☐ ☐ ☐

7 – 3 = ☐   10 – 5 = ☐

3. Male eigene Rechengeschichten und rechne.

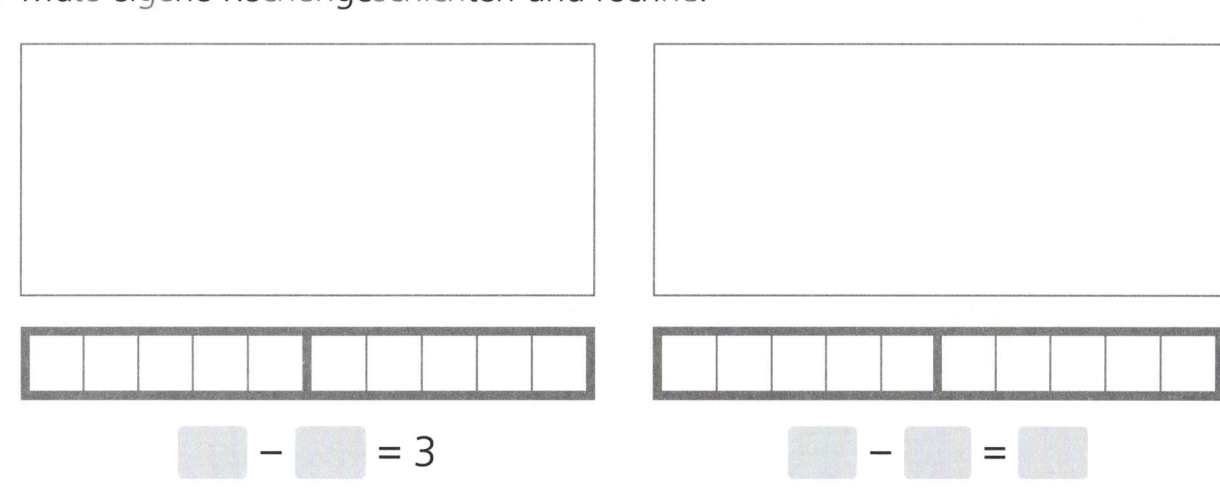

☐ ☐ ☐ ☐ ☐ ☐ ☐ ☐ ☐ ☐   ☐ ☐ ☐ ☐ ☐ ☐ ☐ ☐ ☐ ☐

☐ – ☐ = 3   ☐ – ☐ = ☐

4. Wähle eine Aufgabe. Male eine Rechengeschichte.

○ 5 – 1   ○ 8 – 0

○ 7 – 2   ○ 10 – 3

M D W 1 Rechengeschichten deuten und darstellen
M D W 2 K M D W 3
K M D W 4 Rechengeschichten erfinden, in Partnerarbeit diskutieren und der Klasse präsentieren   **AH, FöH, FoH S.35**

51

1.

$$7 - 2 = \boxed{}$$

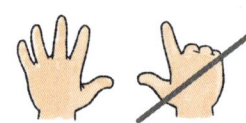
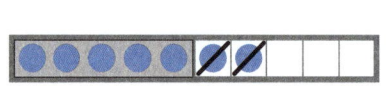
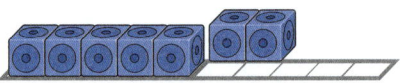

2. Legt wie Emma und Mira, vergleicht und rechnet.

$5 - 3 = \boxed{}$ $\qquad$ $6 - 4 = \boxed{}$ $\qquad$ $5 - 5 = \boxed{}$

$7 - 1 = \boxed{}$ $\qquad$ $7 - 4 = \boxed{}$ $\qquad$ $7 - 3 = \boxed{}$

$9 - 1 = \boxed{}$ $\qquad$ $8 - 5 = \boxed{}$ $\qquad$ $\boxed{} - 3 = 5$

3. Lege, male und rechne.

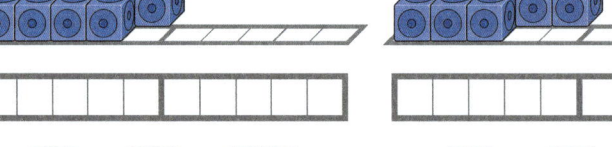

$6 - 1 = \boxed{}$ $\qquad$ $\boxed{} - \boxed{} = \boxed{}$ $\qquad$ $\boxed{} - \boxed{} = \boxed{}$

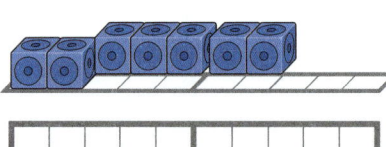
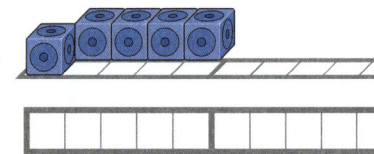

$\boxed{} - \boxed{} = \boxed{}$ $\qquad$ $\boxed{} - \boxed{} = \boxed{}$ $\qquad$ $\boxed{} - \boxed{} = \boxed{}$

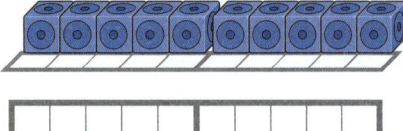

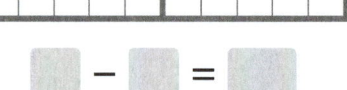

$\boxed{} - \boxed{} = \boxed{}$ $\qquad$ $\boxed{} - \boxed{} = \boxed{}$ $\qquad$ $\boxed{} - \boxed{} = \boxed{}$

W 1   K D 1,2 Strukturen in Anschauungsmitteln vergleichen und Rechnungen darstellen; Steckwürfel, Zehnerfeld und Plättchen verwenden   D 3 Enaktive, ikonische und symbolische Ebene verknüpfen; Steckwürfel und Zehnerfeld verwenden

1. Verbinde. Eine Aufgabe bleibt übrig.

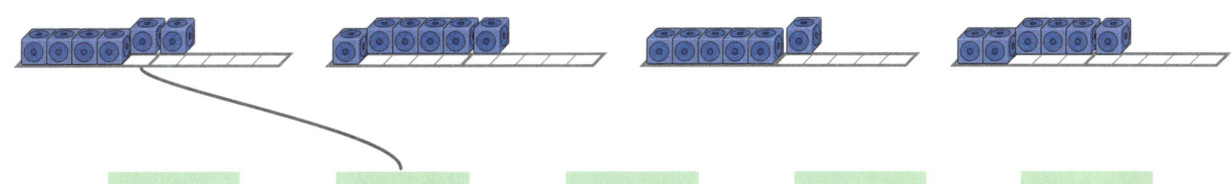

| 7 – 2 | 6 – 2 | 6 – 1 | 6 – 5 | 6 – 4 |

2. Lege und rechne.

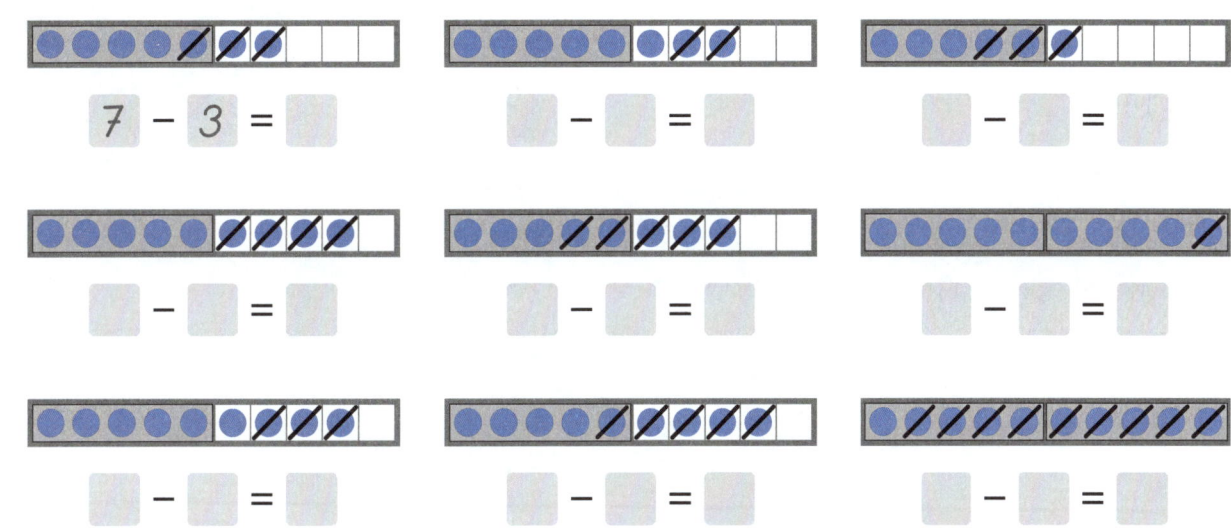

7 – 3 = ☐   ☐ – ☐ = ☐   ☐ – ☐ = ☐

☐ – ☐ = ☐   ☐ – ☐ = ☐   ☐ – ☐ = ☐

☐ – ☐ = ☐   ☐ – ☐ = ☐   ☐ – ☐ = ☐

3: Lege, male und rechne.

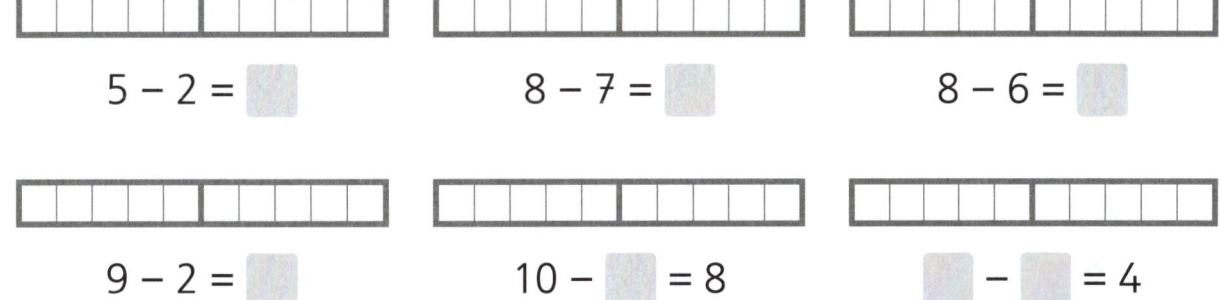

5 – 2 = ☐   8 – 7 = ☐   8 – 6 = ☐

9 – 2 = ☐   10 – ☐ = 8   ☐ – ☐ = 4

4: Lege und rechne.

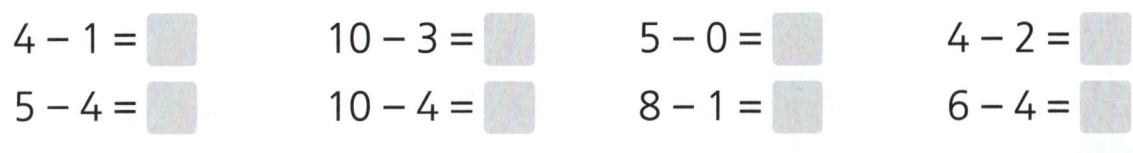

4 – 1 = ☐   10 – 3 = ☐   5 – 0 = ☐   4 – 2 = ☐
5 – 4 = ☐   10 – 4 = ☐   8 – 1 = ☐   6 – 4 = ☐

1. Ordne zu und rechne. Erzähle die Geschichten.

$$4 - 2 \qquad 9 - 4 \qquad 5 - 2 \qquad 6 - 3 \qquad 10 - 7 \qquad 9 - 3 \qquad 7 - 3 \qquad 8 - 5$$

2. Welche Rechnung passt zum Bild? Kreuzt an und begründet.

| $7 - 5$ | $7 + 2$ | | $6 - 2$ | $6 + 2$ |
| $7 - 2$ | $7 + 5$ | | $6 - 4$ | $6 + 4$ |

AH, FöH, FoH S. 36

K M W 1 Aufgaben in Sachsituationen entdecken
K A M W 2 Aufgaben Sachsituationen zuordnen

1. Lege, male und setze fort.
Was fällt dir auf?

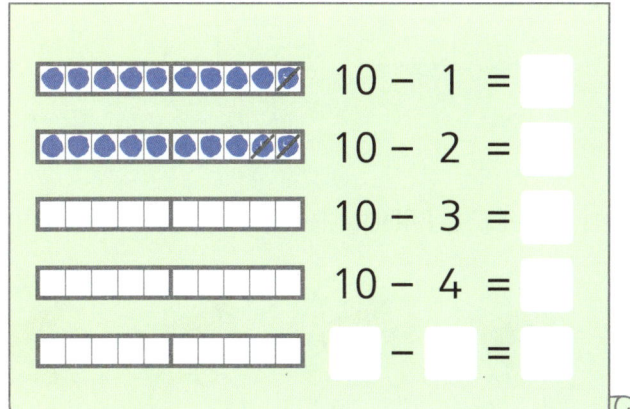

10 – 1 = ☐

10 – 2 = ☐

10 – 3 = ☐

10 – 4 = ☐

☐ – ☐ = ☐

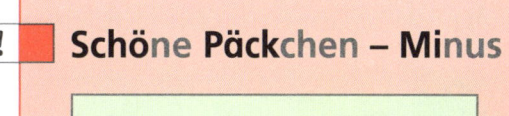

! **Schöne Päckchen – Minus**

1. Zahl	2. Zahl	Ergebnis
6 –	1	= 5
6 –	2	= 4
6 –	3	= 3
6 –	4	= 2

Du kannst **schöne Päckchen**
fortsetzen.

---

2. Malt und rechnet im Heft. Was fällt euch auf?

5 – 1
5 – 2
5 – 3
5 – 4
5 – 5

9 – 4
8 – 4
7 – 4
6 – 4
5 – 4

S. 5 5   Nr. 2

5 – 1 = 4

5 – 2 =

---

3 : Setze fort und rechne.

9 – 3 = ☐
8 – 3 = ☐
7 – 3 = ☐
6 – ☐ = ☐
☐ – ☐ = ☐

6 – 4 = ☐
6 – 3 = ☐
6 – 2 = ☐
☐ – ☐ = ☐
☐ – ☐ = ☐

10 – 2 = ☐
10 – 3 = ☐
10 – 4 = ☐
☐ – ☐ = ☐
☐ – ☐ = ☐

☐ – 1 = 1
☐ – 1 = 2
☐ – 1 = 3
☐ – ☐ = ☐
☐ – ☐ = ☐

---

4 : Findet ein eigenes schönes Päckchen.
Legt, malt und rechnet im Heft.

S. 5 5   Nr. 4

☐ – ☐ = ☐

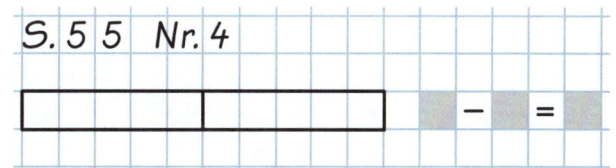

K A D W 1, 2 Regelmäßigkeiten bei Summanden und Ergebnis entdecken;
Zehnerfeld und Plättchen verwenden   **P 3** Schöne Päckchen auf symbolischer Ebene lösen
K A D 4 Zehnerfeld und Plättchen verwenden   Weitere Übungen auf S. 129

AH, FöH, FoH S. 37

55

1. Male unterschiedliche Häuser.

    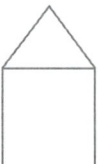 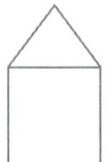 

2. Tim kann sich unterschiedlich anziehen. Welche Möglichkeiten hat er? Male.

3: Baue Vierertürme. Jeder Turm soll anders aussehen. Male sie.

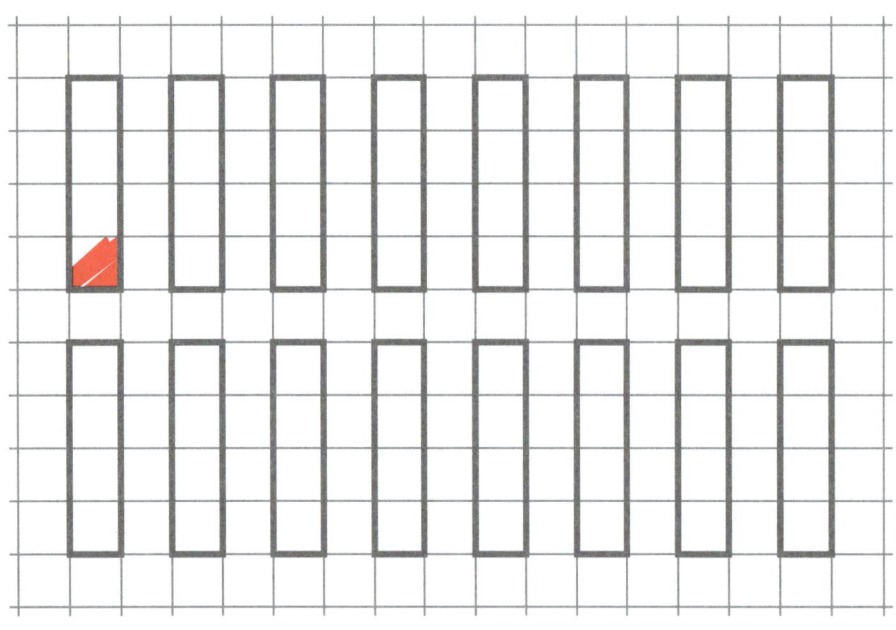 

AH, FöH, FoH S. 38

D 1 Verschiedene Kombinationsmöglichkeiten finden **K A M** 2 Kombinationsmöglichkeiten im Alltagskontext erschließen und begründen **P K A** 3 Erkenntnisse von Aufgabe 2 nutzen; Position in der Steckwürfelstange berücksichtigen; blaue und rote Steckwürfel verwenden

1. Welche Rechnung passt zum Bild? Kreuze an.

- 8 – 5
- 8 + 5
- 1 + 2
- 3 – 1

- 8 – 3
- 8 + 3
- 2 + 1
- 3 – 2

2. Rechne.

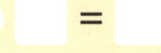 □ • □ = □    □ • □ = □    □ • □ = □

3. Rechne Aufgabe und Tauschaufgabe.

2 + 6 = □   □ + □ = □   3 + 6 = □   □ = 3 + 2

□ + □ = □   3 + 7 = □   □ + □ = □   □ = □ + □

4. Ergänze.

6 + □ = 10   □ + 2 = 7   □ + 6 = 7   6 = □ + 2

3 + □ = 10   □ + 4 = 9   2 + □ = 8   9 = □ + 5

5: Rechne.

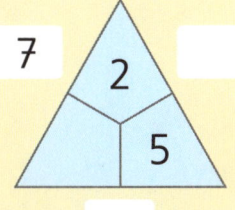

7   □   2   4   △   2

2

5

□   6

6. Setze fort und rechne.

1 + 1 = □	10 – 4 = □
2 + 2 = □	10 – 3 = □
3 + 3 = □	10 – 2 = □
□ + □ = □	□ – □ = □
□ + □ = □	□ – □ = □

1.

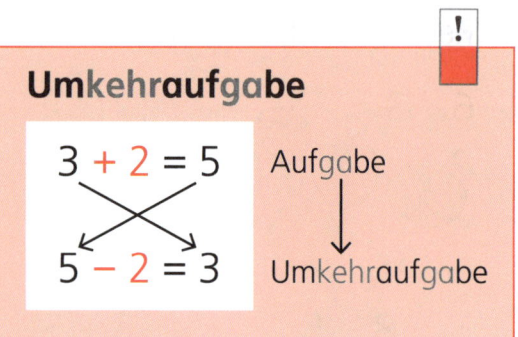

Umkehraufgabe

$3 + 2 = 5$ Aufgabe

$5 - 2 = 3$ Umkehraufgabe

2. Rechne Aufgabe und Umkehraufgabe.

$4 + 3 = \boxed{}$ $7 + 1 = \boxed{}$ $6 - 4 = \boxed{}$

$7 - 3 = \boxed{}$ $8 - 1 = \boxed{}$ $2 + 4 = \boxed{}$

3. Rechne mit dem Rechenstrich.

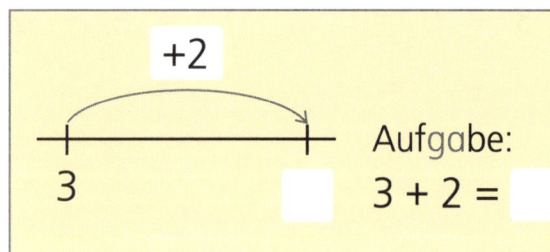   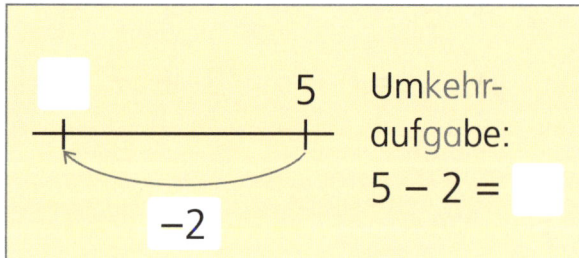

Aufgabe: $3 + 2 = \boxed{}$

Umkehraufgabe: $5 - 2 = \boxed{}$

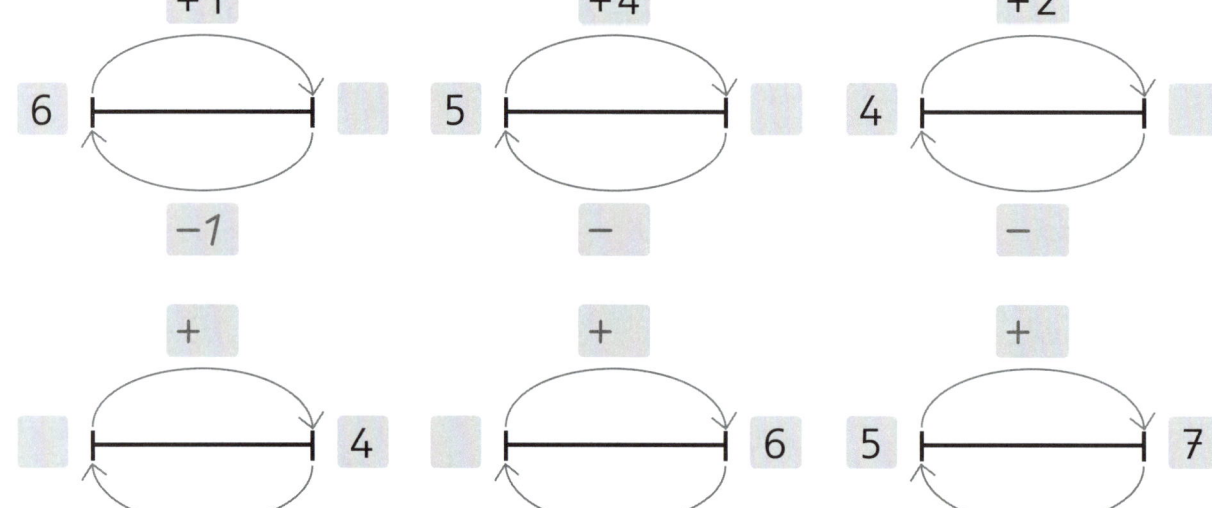

AH, FöH, FoH S. 40

🅚 🅜 🅦 **1** Die Situation nachspielen; Veränderungen entdecken und beschreiben

🅜 🅦 **2**   🅚 🅦 **3**

1. Rechne.

6 + 3 = ☐   2 + 7 = ☐   6 + 4 = ☐   ☐ + 7 = 10

9 – 3 = ☐   9 – 7 = ☐   10 – 4 = ☐   10 – ☐ = 3

5 – 3 = ☐   5 – 4 = ☐   9 – 5 = ☐   ☐ – 7 = 1

2 + 3 = ☐   1 + 4 = ☐   4 + 5 = ☐   1 + 7 = ☐

2: Rechne die Aufgabe und die Umkehraufgabe im Heft.

1 + 2 = ☐   ☐ + 5 = 10

5 + 1 = ☐   ☐ + 7 = 8

6 + 2 = ☐   ☐ + 6 = 8

4 + 3 = ☐   ☐ + 8 = 11

S. 5 9 Nr. 2	
1 + 2 =	5 + 1 =
☐ – 2 = 1	☐ – 1 = 5

3: Rechne die Aufgabe. Nutze die Umkehraufgabe.

7 – 1 = ☐   8 – 3 = ☐   ☐ – 4 = 2   ☐ – 3 = 7

☐ + ☐ = ☐   ☐ + ☐ = ☐   ☐ + ☐ = ☐   ☐ + ☐ = ☐

9 – 2 = ☐   5 – 2 = ☐   ☐ – 6 = 1   ☐ – 9 = 1

☐ + ☐ = ☐   ☐ + ☐ = ☐   ☐ + ☐ = ☐   ☐ + ☐ = ☐

4: Löse die Aufgaben. Gleiches Zeichen bedeutet gleiche Zahl.

▲ + 5 = ■   ● + ■ = 10

9 – 5 = ▲   10 – ■ = ●

Denke an die Umkehraufgabe!

▲ = ☐   ● = ☐   ■ = ☐

W 1
W 2, 3 Umkehraufgaben nutzen und ggf. besprechen
P A 4 Knobelaufgaben entsprechen Umkehraufgaben; gleiche Formen haben gleiche Zahlen

AH, FöH, FoH S. 40   59

1. Ergänze das Bild und rechne.

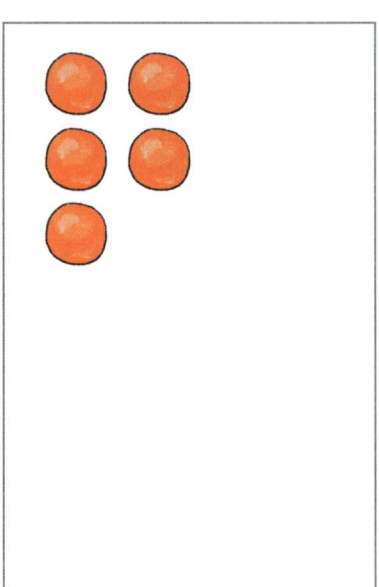

$$4 + 3 = \boxed{} \qquad 3 + 5 = \boxed{} \qquad \boxed{} + \boxed{} = 9$$

2. Streiche durch und rechne.

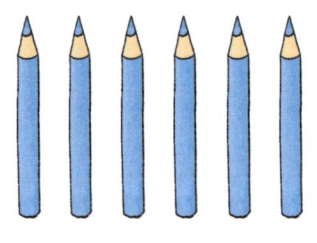

$$10 - 4 = \boxed{} \qquad 6 - 5 = \boxed{} \qquad \boxed{} - \boxed{} = 2$$

3. Welche Rechnung passt zum Bild? Kreuze an.

| ○ 4 + 3 | ○ 7 − 2 | ○ 8 − 3 | ○ 5 + 3 |
| ○ 2 + 5 | ○ 3 − 2 | ○ 7 + 3 | ○ 10 − 7 |

Ⓚ Ⓜ **1, 2** Ggf. Rechengeschichten erzählen
Ⓚ Ⓐ Ⓜ Ⓦ **3** Rechengeschichten besprechen und möglichen Gleichungen zuordnen;
Ggf. eigene Rechengeschichten im Klassenraum finden und fotografieren

1. Rechne.

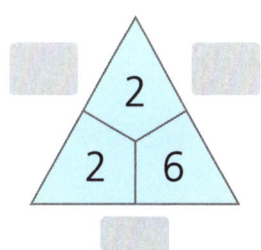 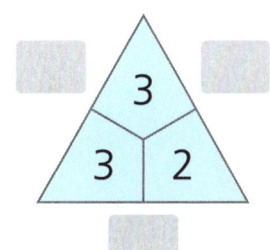 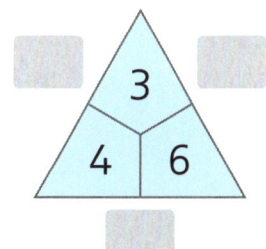 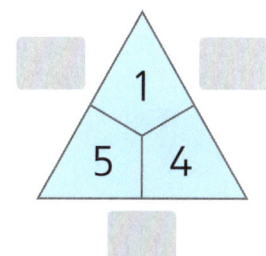

2. Rechne.

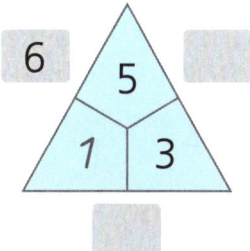 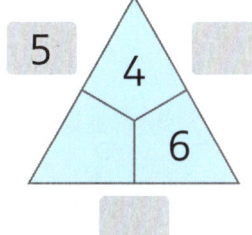 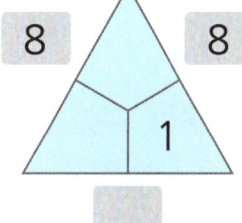 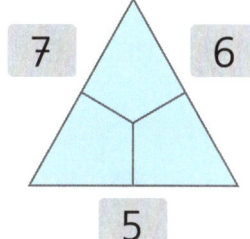

3. Welche Zahlen passen?

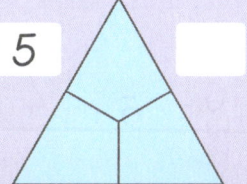

5

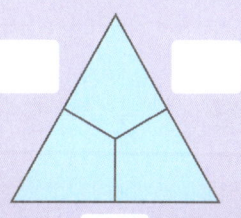

4. Rechne im Heft.

$9 - 4 = \blacksquare$

$1 + 3 = \blacksquare$

$5 + 3 = \blacksquare$

S. 6 1   Nr. 4

$9 - 4 =$

$1 + 3 =$

$3 + 5 = \blacksquare$

$8 - 6 = \blacksquare$

$10 - 5 = \blacksquare$

$8 + 1 = \blacksquare$

$9 - 2 = \blacksquare$

$10 + 1 = \blacksquare$

5. Ergänze.

$5 - \square = 4$

$7 + \square = 9$

$\square - 1 = 5$

$\square + 5 = 6$

$9 - 3 = \square$

$\square + 1 = 9$

$\square - 4 = 5$

$4 + \square = 10$

1.

Es gibt immer 4 Aufgaben.

Ich finde 2 Plusaufgaben und 2 Minusaufgaben.

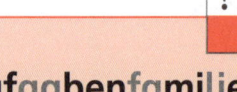

Aufgabenfamilie

4 + 3 = 7

3 + 4 = 7

7 – 3 = 4

7 – 4 = 3

---

2. Lege und rechne.

6 1 7	7 3 10	2 6 8	4 1 5

6 + 1 = ___   7 + 3 = ___   + =   + =

1 + 6 = ___   + =   + =   + =

– =   – =   – =   – =

– =   – =   – =   – =

3 2 5	5 4 9	10 6 4	7 2 5

+ =   + =   + =   + =

+ =   + =   + =   + =

– =   – =   – =   – =

– =   – =   – =   – =

3: Finde passende Aufgabenfamilien.

6 2	1 3	3 7	1 9

+ =   + =   + =   + =

+ =   + =   + =   + =

– =   – =   – =   – =

– =   – =   – =   – =

AH, FöH, FoH S. 42

K W 1 Aufgabenfamilie einführen; Tausch- und Umkehraufgaben wiederholen; Fachbegriffe verwenden
W 2 Zahlenkarten I verwenden   K W 3 Fehlende Zahl ermitteln; mehrere Lösungen sind möglich; ggf. Zahlenkarten I verwenden

1. Schreibe die Aufgabenfamilie ins Heft.

5　2　7

S. 6 3　Nr. 1	
5 + 2 =	
2 + 5 =	
7 − 2 =	
7 − 5 =	

10　2　8

6　1　5

1　2　3

3　8　5

9　1　10

2　9　7

3　9　6

2 Wie heißt die fehlende Zahl? Gibt es mehrere Lösungen? Erkläre.

Die 3 passt.

Die 5 passt auch.

2　3　　　5　　　1

2　4　　　7　　　10

8　　　2　　　7

3 Ist das eine Aufgabenfamilie? Kontrolliert und verbessert.

7　3　10　✓

9　4　4　☐

1　~~8~~　3　4

5　7　2　☐

9　5　1　☐

9　1　10　☐

7　1　6　☐

2　6　10　☐

Ⓦ **1** Je vier Aufgaben im Heft notieren; Zahlenkarten I verwenden
ⓅⓀⒶⓌ **2** Mehrere Lösungen sind möglich; ggf. Zahlenkarten I verwenden
ⓅⓀⒶⓌ **3** Mit Zahlenkarten I überprüfen

AH, FöH, FoH S. 42

63

1.

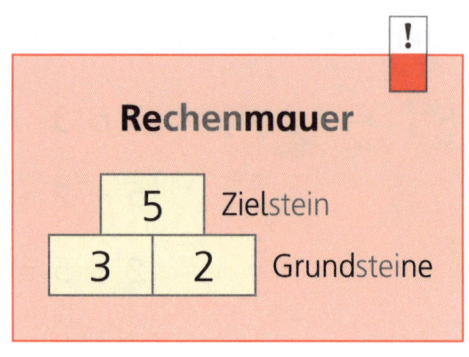

2. Rechne.

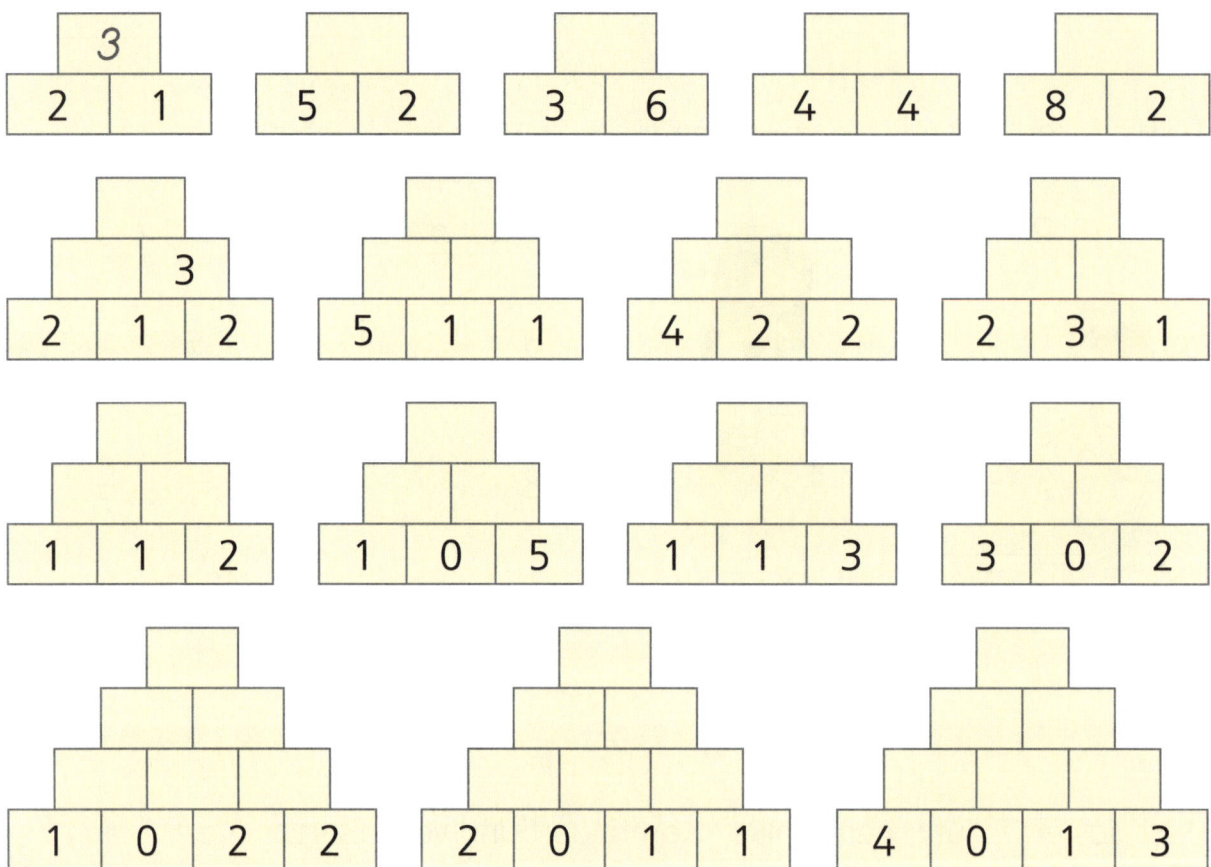

3: Rechne.

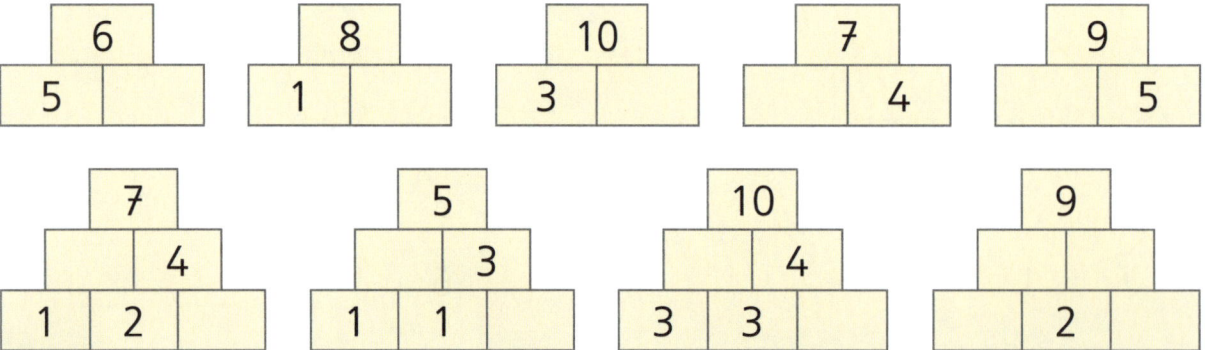

AH, FöH, FoH S.43

K **1** Zahlenmauern einführen; ggf. Zahlenkarten I verwenden

P **3**
Weitere Übungen auf S. 129

1: Rechne.

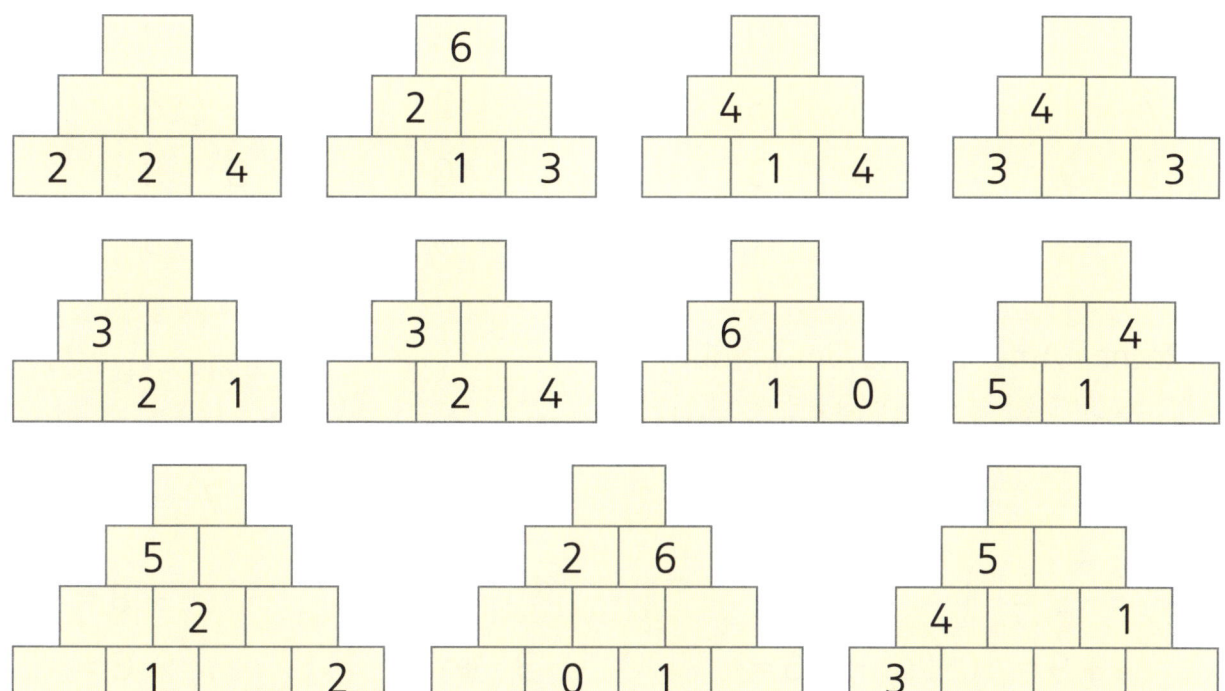

2: Findet passende Lösungen. Vergleicht.

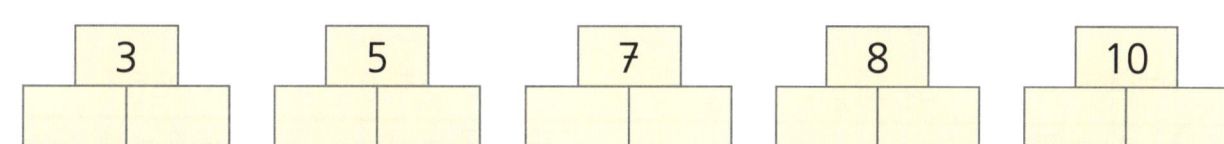

3: Finde Lösungen mit dem Zielstein 10.

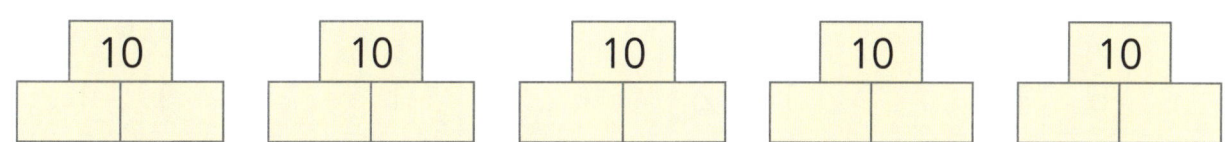

4: Finde Lösungen mit dem Zielstein 7.

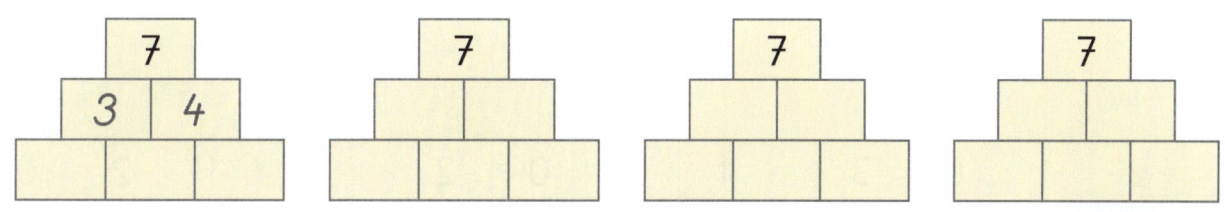

P 1 **K A** 2 Mehrere Lösungen sind möglich; Zahlzerlegungen wiederholen
K A 3, 4 Zahlzerlegungen wiederholen
Weitere Übungen auf S. 129

AH, FöH, FoH S. 43

65

Gemischte Übungen

1. Setze ein: >, < oder =

10 ◯ 7	0 ◯ 10	8 ◯ 8	1 ◯ 3
7 ◯ 1	5 ◯ 8	5 ◯ 2	6 ◯ 6
3 ◯ 9	3 ◯ 3	4 ◯ 10	9 ◯ 8
6 ◯ 4	2 ◯ 1	7 ◯ 9	0 ◯ 5

2. Rechne Aufgabe und Umkehraufgabe.

$3 + 6 =$ ▢   ▢ $- 4 = 1$ $7 + 1 =$ ▢   ▢ $- 2 = 7$

$9 - 6 =$ ▢ $1 + 4 =$ ▢ $8 - $▢$ = 7$ $7 + 2 =$ ▢

▢ $- 9 = 1$ $1 + 6 =$ ▢   ▢ $- 4 = 3$ ▢ $+ 8 = 10$

▢ $+ 9 = 10$ $7 - 6 =$ ▢ $3 + 4 =$ ▢   ▢ $- 8 = 2$

3. Rechne im Heft.

$3 + 4 =$ ▪ | S. 66 Nr. 3 | $8 - 4 =$ ▪ $6 - 1 =$ ▪

$6 + 2 =$ ▪ $3 + 4 =$ ▢ $2 + 5 =$ ▪ $3 + 4 =$ ▪

$4 - 1 =$ ▪ $6 + 2 =$ ▢ $10 - 4 =$ ▪ $6 - 5 =$ ▪

$9 - 9 =$ ▪ $7 - 3 =$ ▪ $4 - 4 =$ ▪

4. Rechne.

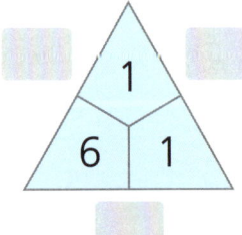
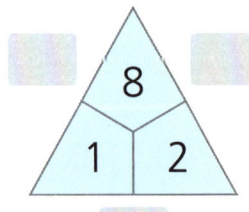
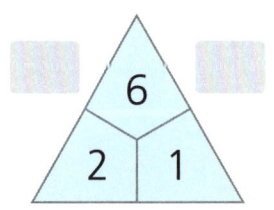
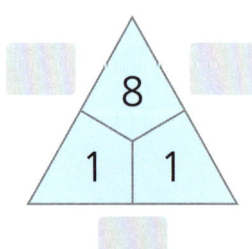

5. Rechne.

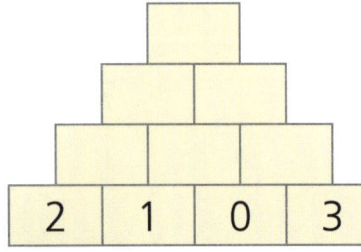
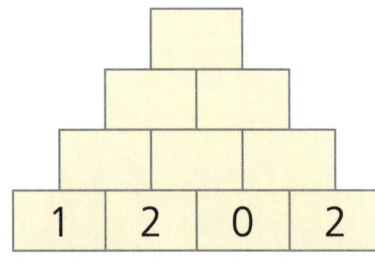

Ⓦ 1, 2
4, 5 Weitere Übungen auf S. 128, 129

1. Rechne.

8 – 4 = ☐	3 + 6 = ☐	5 – 4 = ☐	8 – 6 = ☐
4 + 4 = ☐	☐ – 6 = ☐	☐ + ☐ = ☐	☐ + ☐ = ☐
6 + 2 = ☐	9 – 1 = ☐	7 + 2 = ☐	2 + 5 = ☐
8 – 2 = ☐	☐ + 1 = ☐	☐ – ☐ = ☐	☐ – ☐ = ☐

2. Rechne.

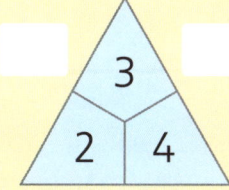 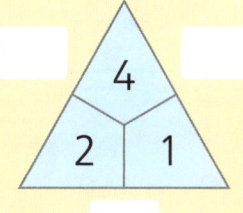 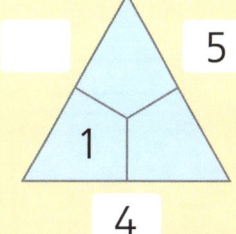 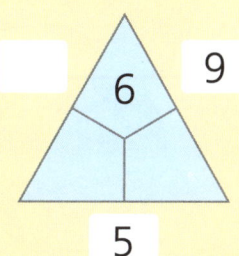

4 2 6   3 4 7   3 9 6   1 5 6

+ =	+ =	+ =	+ =
+ =	+ =	+ =	+ =
– =	– =	– =	– =
– =	– =	– =	– =

3. Trage ein.

☐ 3 ☐   ☐ 4 ☐   ☐   5   ☐   9
   2   4   2   1   1   6
      ☐   ☐   4   5

4. Rechne.

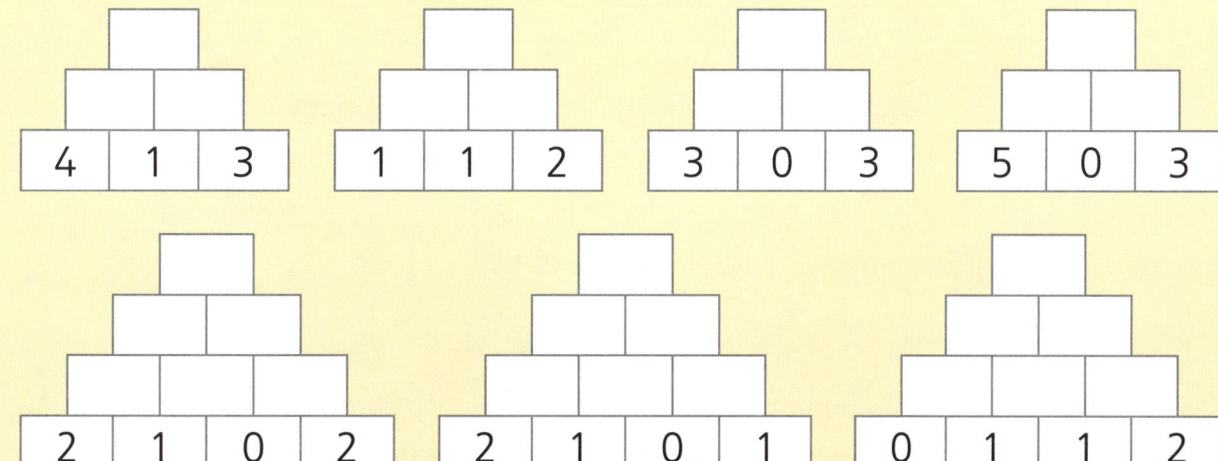

4 1 3   1 1 2   3 0 3   5 0 3

2 1 0 2   2 1 0 1   0 1 1 2

AH, FöH, FoH S. 45

1.

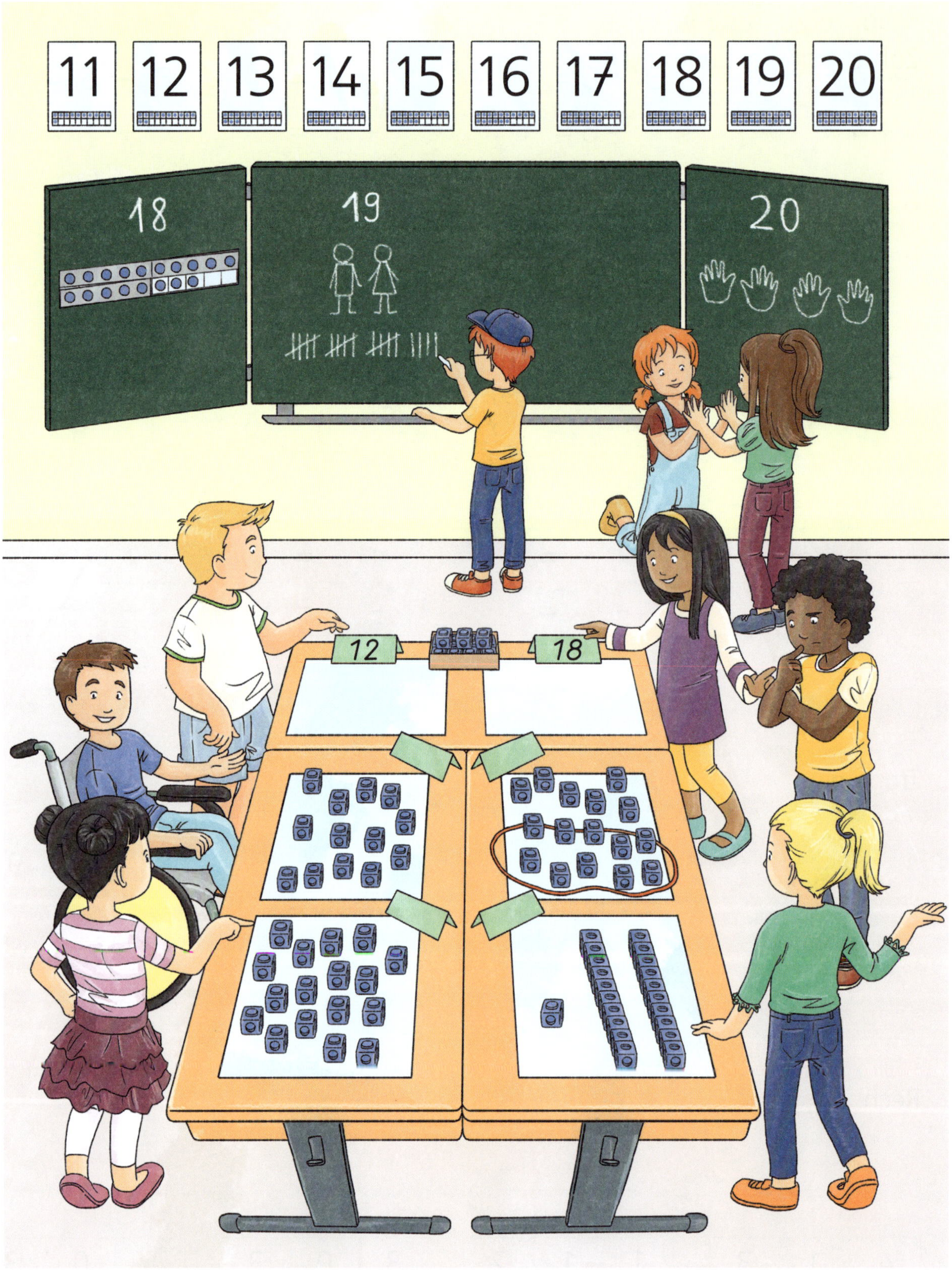
11
12
13
14
15
16
17
18
19
20
18
19
20
12
18

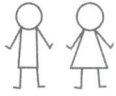

2. Zähle alle Kinder in deiner Klasse. Trage ein.

3: Wie legst du mit Steckwürfeln die Zahlen 12 und 18?

K M D 1 Zählen, Anzahl auf die aufgestellten Karten schreiben und über verschiedene Mengendarstellungen sprechen
2 Ggf. Strichlistendarstellung wiederholen
K M D 3 Mengendarstellungen selbst legen, beschreiben und vergleichen

1. Mädchen und Jungen.
Zähle, trage ein und male aus.

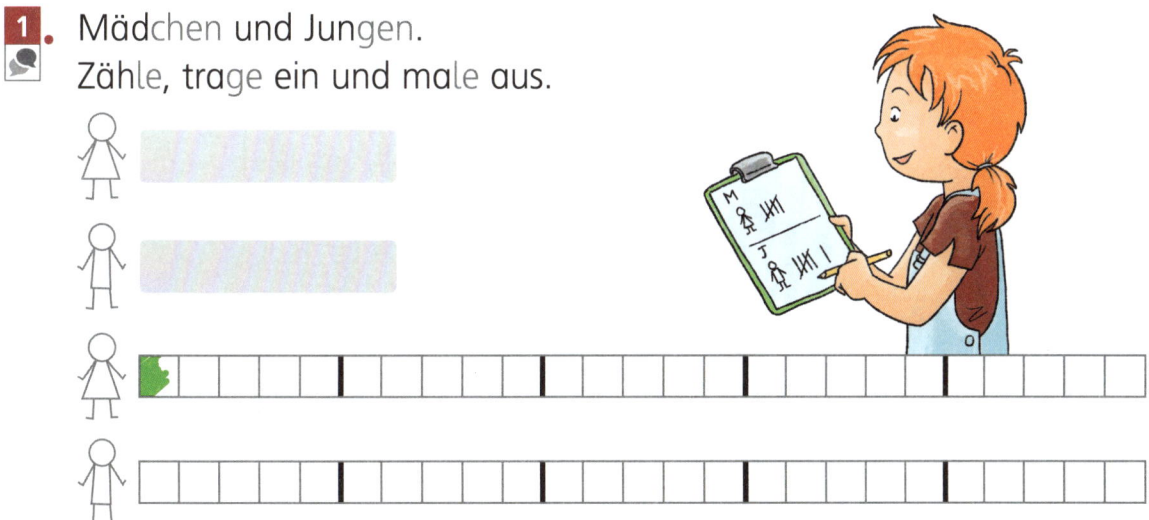

2. Wie alt seid ihr? Zähle, trage ein und male aus.

5 Jahre   6 Jahre   7 Jahre

5 Jahre

6 Jahre

7 Jahre

3. Welche Haarfarben gibt es in deiner Klasse? Zähle, trage ein und male aus.

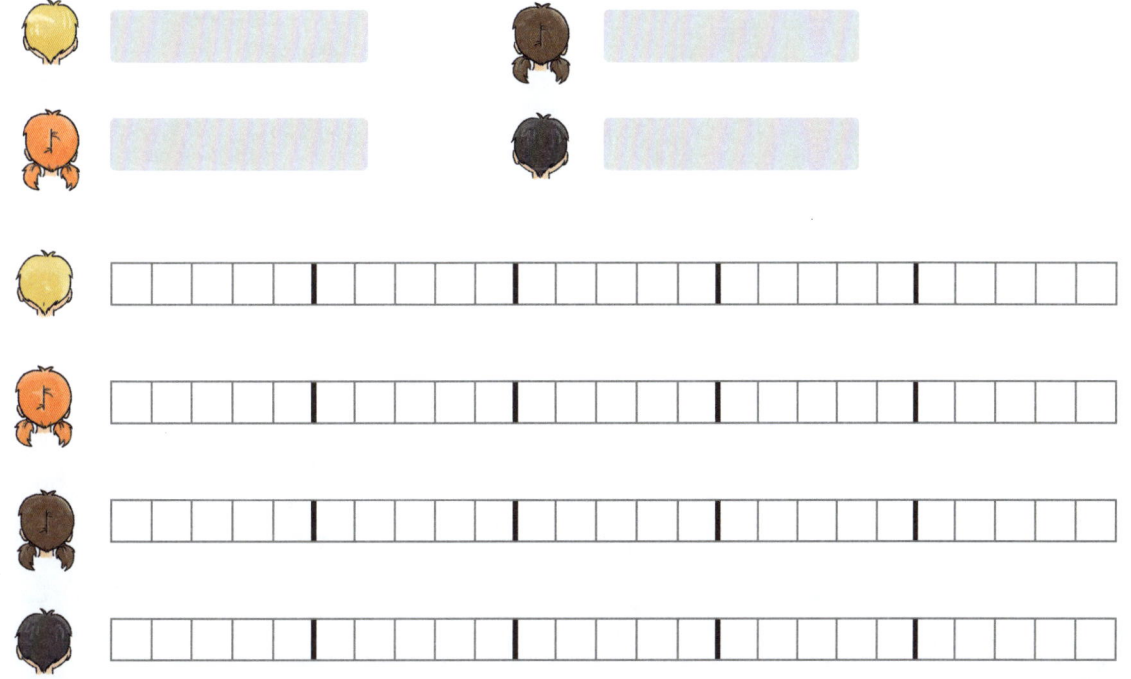

1.

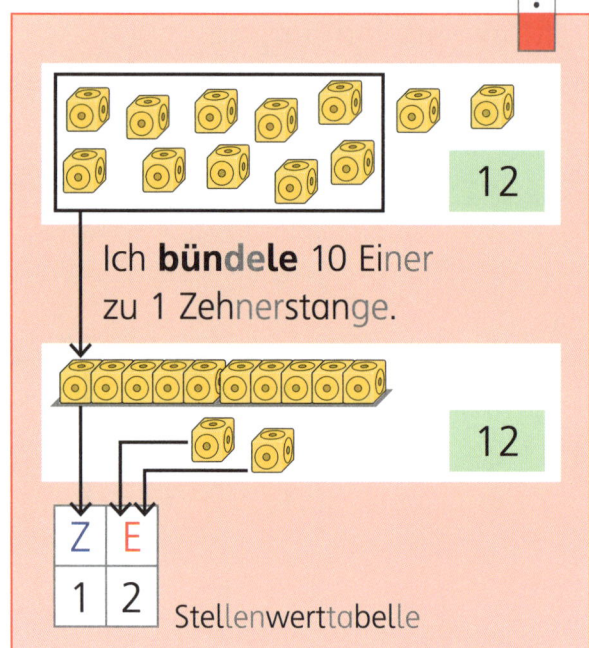

2. Immer 10. Bündelt und baut Zehnerstangen. Tragt ein.

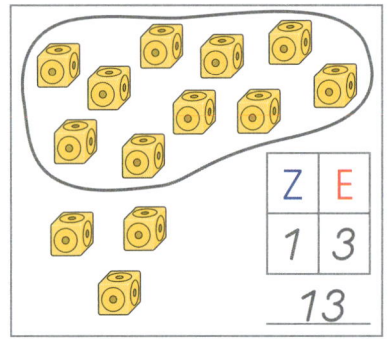

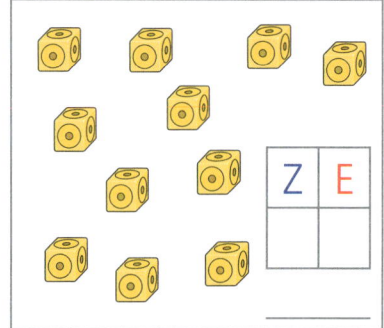

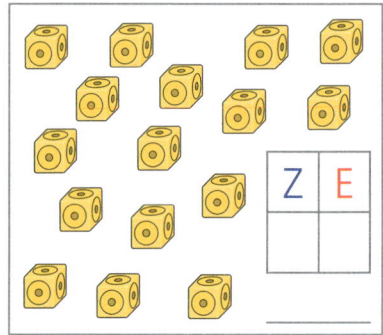

3. Immer 10. Bündele und baue Zehnerstangen. Trage ein und verbinde.

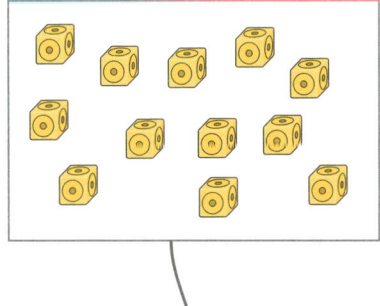

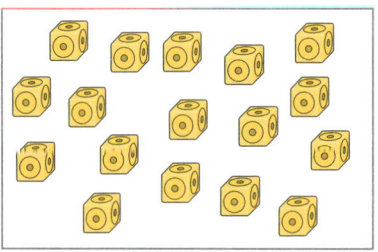

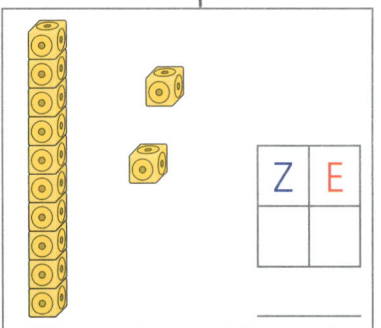

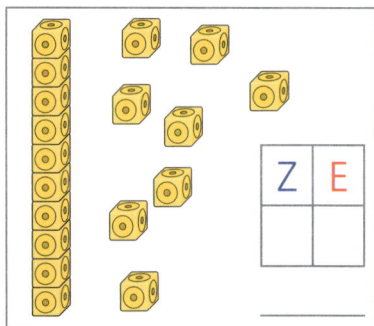

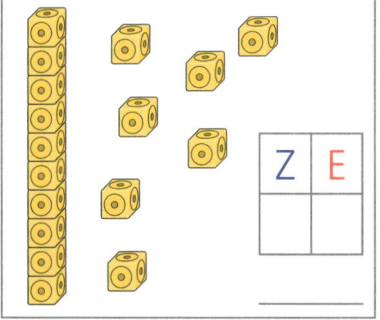

AH, FöH, FoH S. 47

K W 1 Bündeln thematisieren
W 1–3 Ggf. Zahlenkarten II verwenden. Um z. B. die Zahl 13 herzustellen, muss man über die Null der blauen Karte 10 die rote Karte 3 legen

1. Immer 10. Bündele und baue Zehnerstangen. Trage ein.

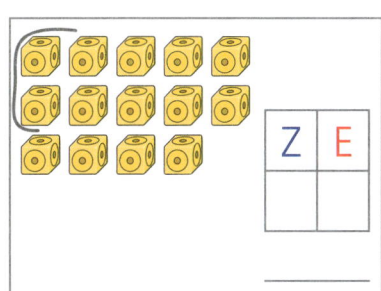

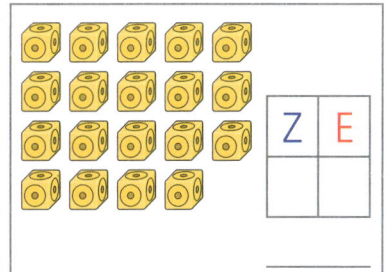

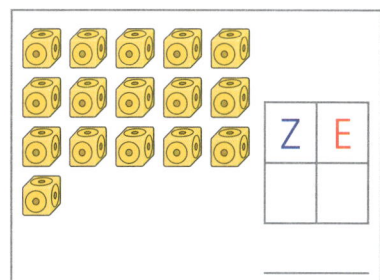

□ = $1Z$ + $4E$ □ = □ + □   □ = □ + □

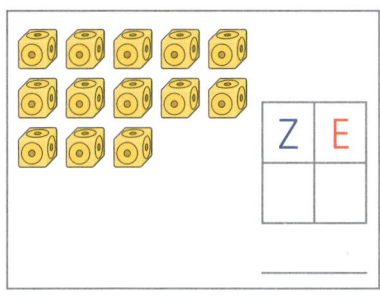

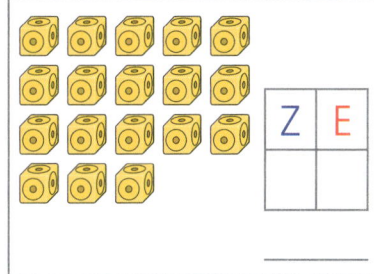

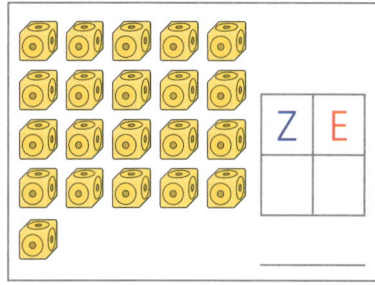

□ = □ + □   □ = □ + □   □ = □ + □

2. Immer 10. Male und bündele. Trage ein.

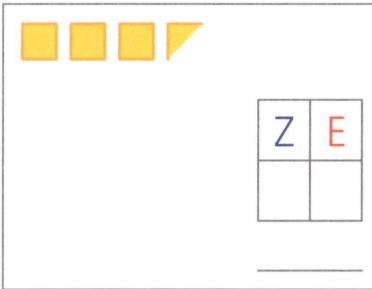

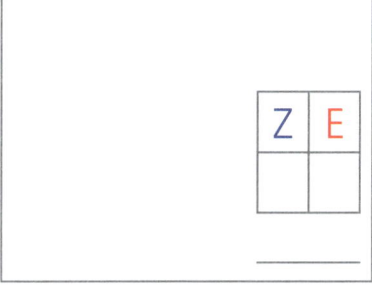

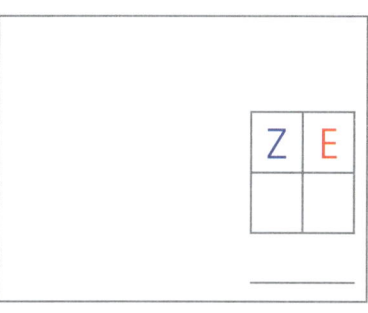

12 = □ + □   17 = □ + □   11 = □ + □

3. Bündele. Trage ein. Was fällt dir auf?

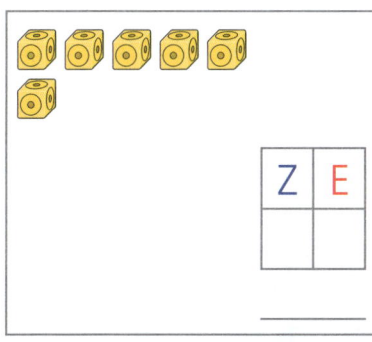

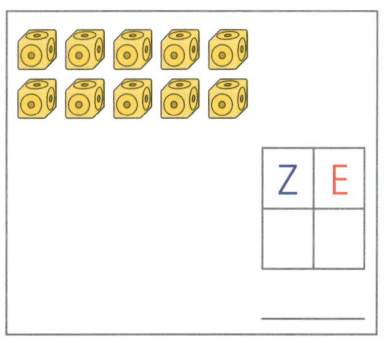

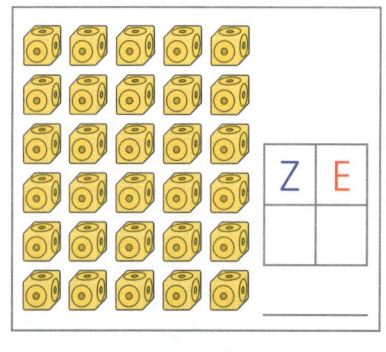

□ = □ + □   □ = □ + □   □ = □ + □

1. Wie legst du 10?

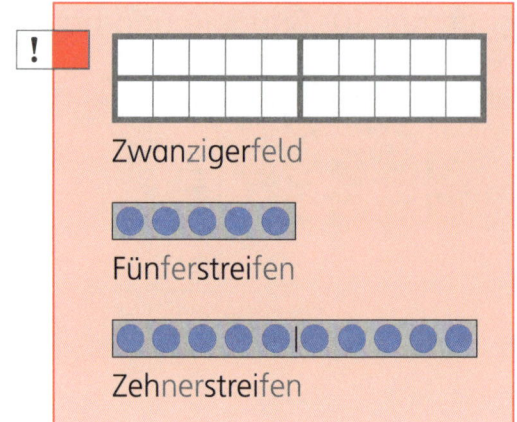

Zwanzigerfeld

Fünferstreifen

Zehnerstreifen

2. Immer 10. Bündele und trage ein. Verbinde.

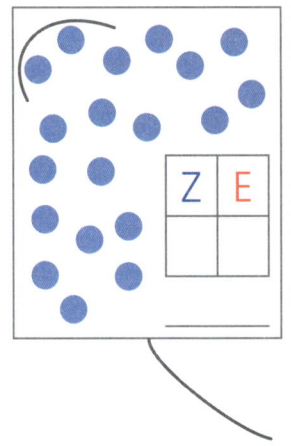

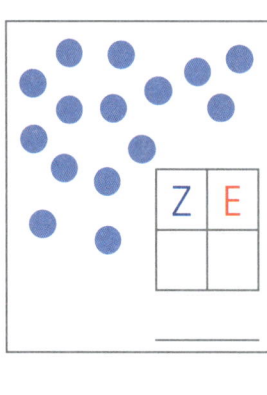

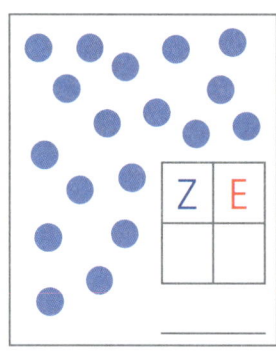

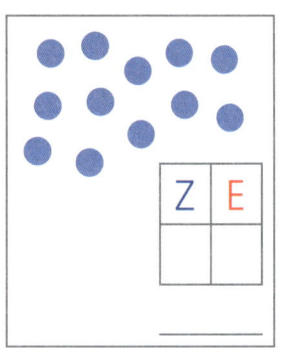

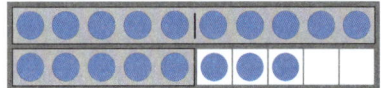

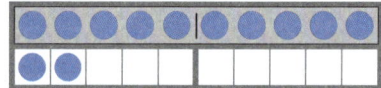

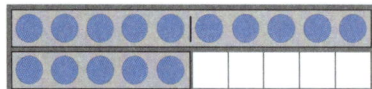

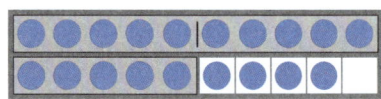

3. Tragt ein. Wo seht ihr schneller, wie viele es sind? Kreuzt an und begründet.

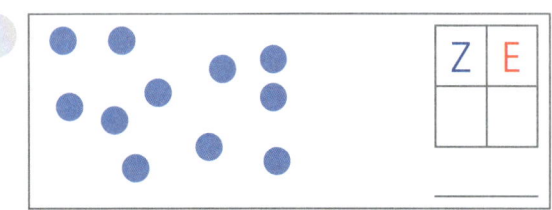

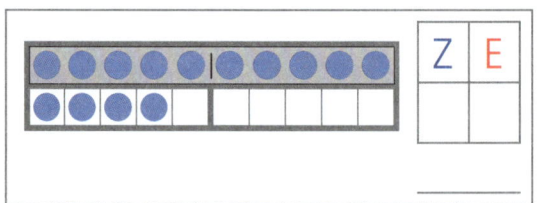

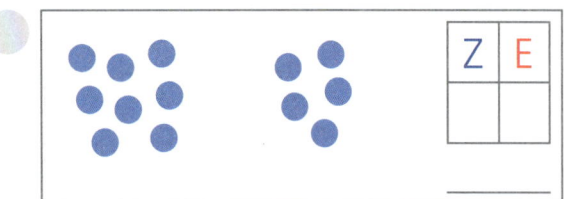

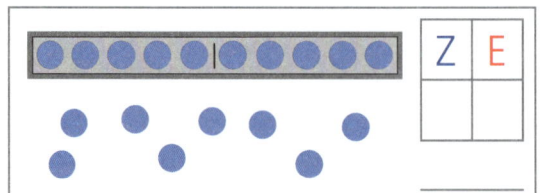

AH, FöH, FoH S. 49

K D W 1 Die Menge 10 auf unterschiedliche Arten mit Plättchen und Streifen legen und vergleichen
D W 2 Ggf. Plättchen und Streifen verwenden; ggf. Zahlenkarten II verwenden
K A W 3 Verschiedene Mengendarstellungen vergleichen; ggf. Zahlenkarten II verwenden

1.

große Zahl

kleine Zahl

2. Lege, male und rechne.

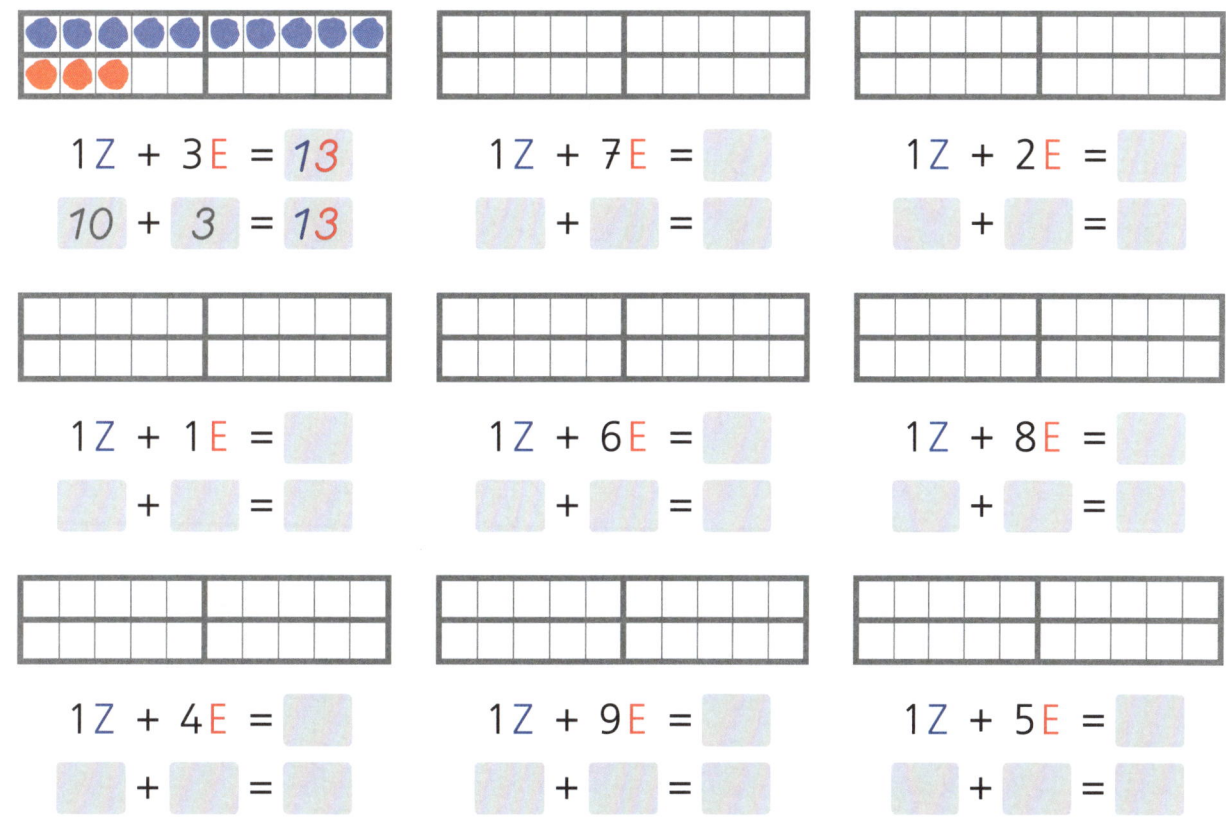

1Z + 3E = *13*

10 + *3* = *13*

1Z + 7E =

___ + ___ = ___

1Z + 2E =

___ + ___ = ___

1Z + 1E =

___ + ___ = ___

1Z + 6E =

___ + ___ = ___

1Z + 8E =

___ + ___ = ___

1Z + 4E =

___ + ___ = ___

1Z + 9E =

___ + ___ = ___

1Z + 5E =

___ + ___ = ___

3. Schreibe und male die große und die kleine Zahl mit Rechnungen ins Heft.

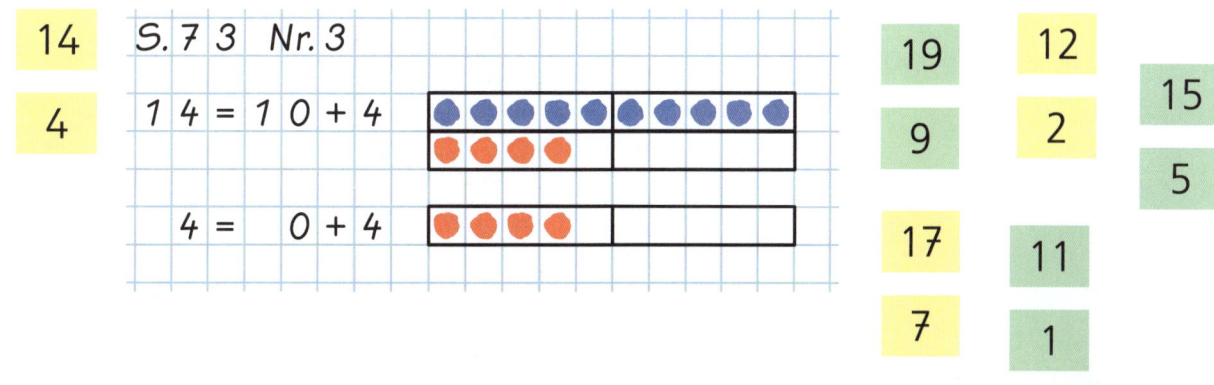

14

4

S. 7 3 Nr. 3

1 4 = 1 0 + 4

4 = 0 + 4

19

9

12

2

15

5

17

7

11

1

K D W 1 Analogien der Zahlen im ersten und zweiten Zehner thematisieren; ggf. Zwanzigerfeld Plättchen und Zahlenkarten II verwenden **D W 2** Zahlenkarten II verwenden **D W 3** Ggf. Zahlenkarten I oder Zahlenkarten II verwenden Weitere Übungen auf S. 129, 130 **AH, FöH, FoH S. 49**

73

1. Zähle und trage ein. Setze ein: >, < oder =

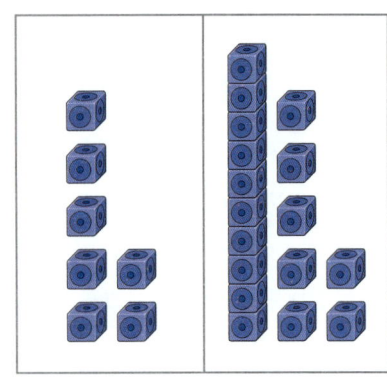 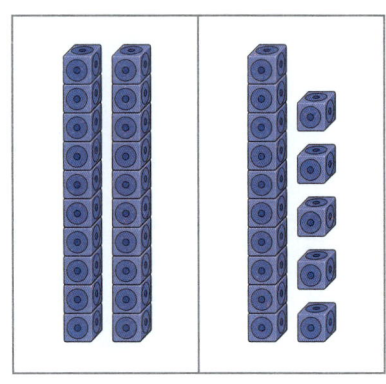 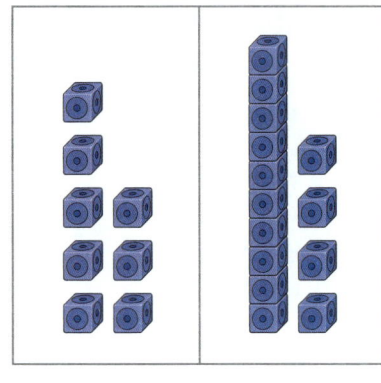

2. Setze ein: >, < oder =

13 ● 14   9 ● 19   11 ● 8

5 ● 11   9 ● 6   12 ● 12

20 ● 17   16 ● 9   14 ● 15

15 ● 15   19 ● 16   18 ● 17

3. Findet die Fehler. Verbessert.

12 > ~~18~~ *11*   20 > 19   14 < 16

10 > 5 ✓   13 < 7   10 > 8

17 < 11   15 < 0   9 > 3

13 > 12   1 > 10   20 < 17

4. Setze die Zahlen passend ein.

☐ < ☐ > ☐ < ☐ < ☐   19 5 8 13 2

☐ > ☐ < ☐ > ☐ > ☐   10 20 7 8 11

AH, FöH, FoH S. 50

W 1, 2
K A W 3 Mehrere Lösungen sind möglich
P W 4 Mehrere Lösungen sind möglich; ggf. Zahlenkarten I verwenden

1.

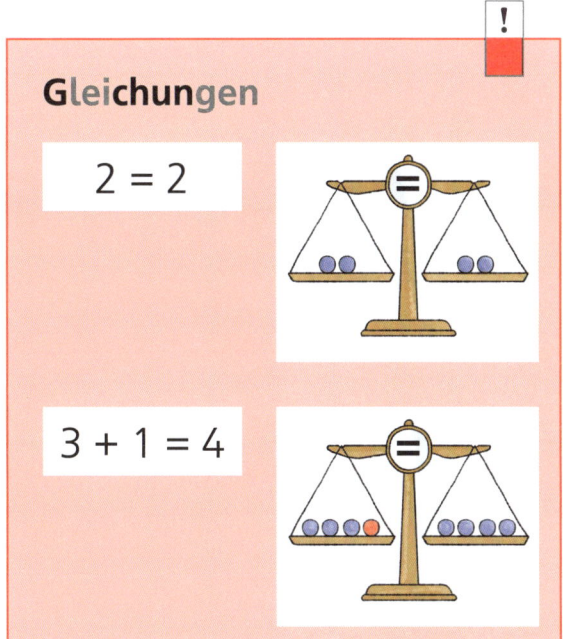

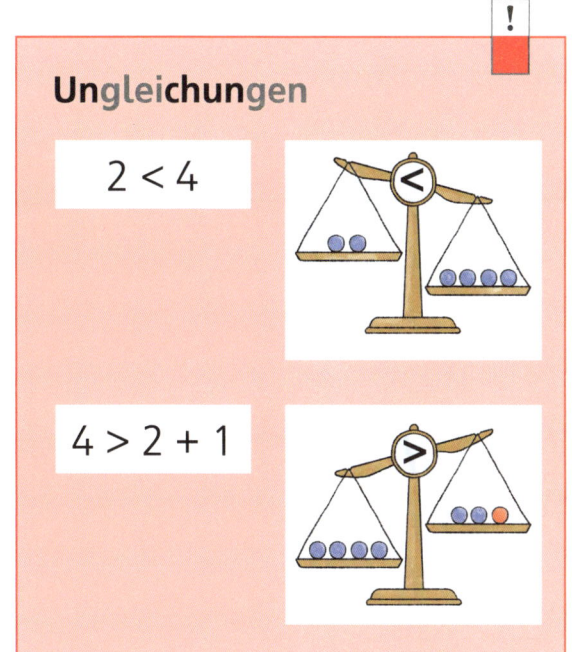

2. Tragt passende Zahlen ein.

5 + ▢ < 10   4 + ▢ < 9   1 + ▢ > 6   7 > 4 + ▢

5 + ▢ < 10   4 + ▢ < 9   2 + ▢ > 6   7 > 5 + ▢

5 + ▢ < 10   4 + ▢ < 9   4 + ▢ > 6   7 > 3 + ▢

5 + ▢ < 10   4 + ▢ < 9   9 + ▢ > 6   7 > 1 + ▢

3: Schreibe ins Heft. Rechne und setze ein: >, < oder =

12 ● 10 + 3

| S. 7 5 | Nr. 3 |
| 1 2 < 1 0 + 3 | |

15 ● 10 + 5

16 ● 10 + 5

13 ● 10 + 2   10 + 8 ● 16

19 ● 10 + 7   10 + 3 ● 13

14 ● 10 + 8   10 + 9 ● 20

4: Welche Zahl passt? Rechne und trage ein.

10 + 3 < ▢   10 + ▢ = 15   10 < 16 − ▢   ▢ − 10 = 10

10 + 1 = ▢   10 + ▢ < 19   10 = 14 − ▢   ▢ − 7 = 10

4 + 5 > ▢   10 + ▢ > 16   10 > 12 − ▢   ▢ − 4 < 6

10 + 7 = ▢   10 + ▢ = 20   10 < 17 − ▢   ▢ − 8 < 10

Ⓚ Ⓦ 1 Gleichungen und Ungleichungen thematisieren; ggf. mit einer Balkenwaage nachstellen
Ⓚ Ⓦ 2 Verschiedene Lösungen vergleichen; mehrere Lösungen sind möglich Ⓦ 3
Ⓦ 4 Mehrere Lösungen sind möglich

AH, FöH, FoH S. 50

75

1. Verbinde.

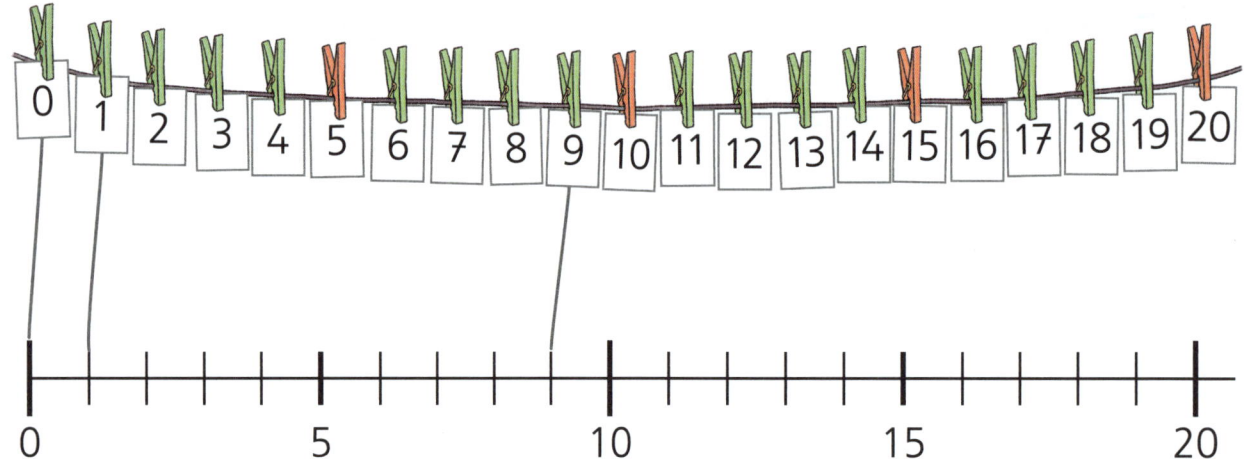

2. Trage ein.

3: Verbinde.

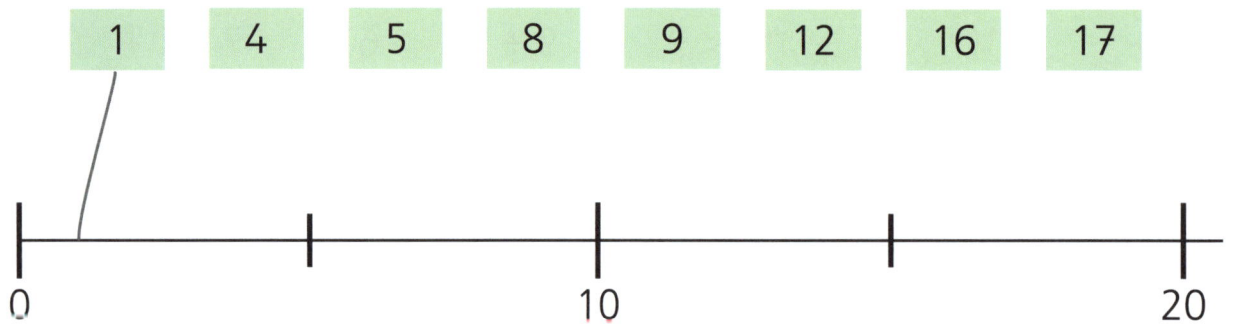

4: Findet die Fehler. Begründet und verbessert.

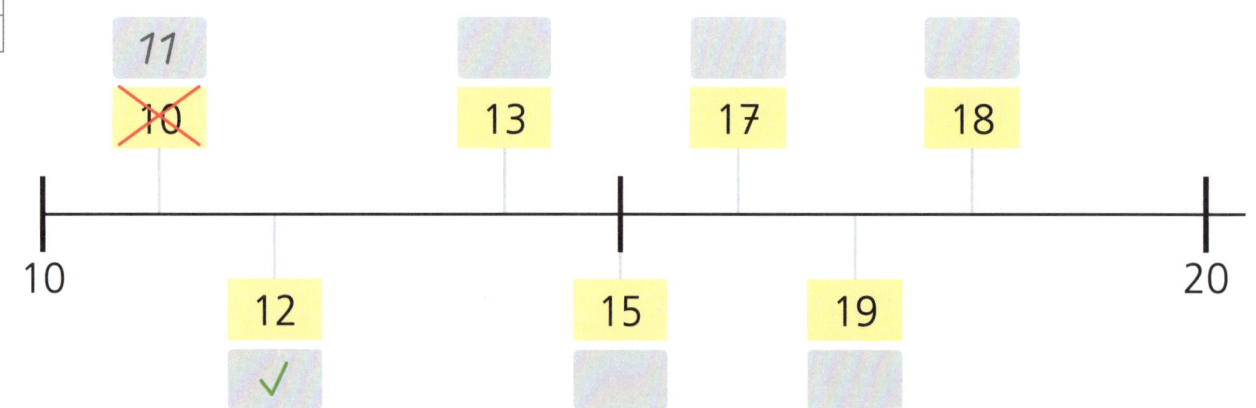

AH, FöH, FoH S. 51

Ⓚ **1** Ggf. mit Zahlenkarten I nachstellen
Ⓦ **3** Zahlen mit der passenden Stelle auf dem Zahlenstrahl verbinden
Ⓚ Ⓦ **4**

1.

> 11 ist
> der Vorgänger
> von 12.

> 13 ist
> der Nachfolger
> von 12.

Vorgänger	Zahl	Nachfolger
11	12	13

11 ist der Vorgänger von 12.
13 ist der Nachfolger von 12.

2. Trage Vorgänger und Nachfolger ein.

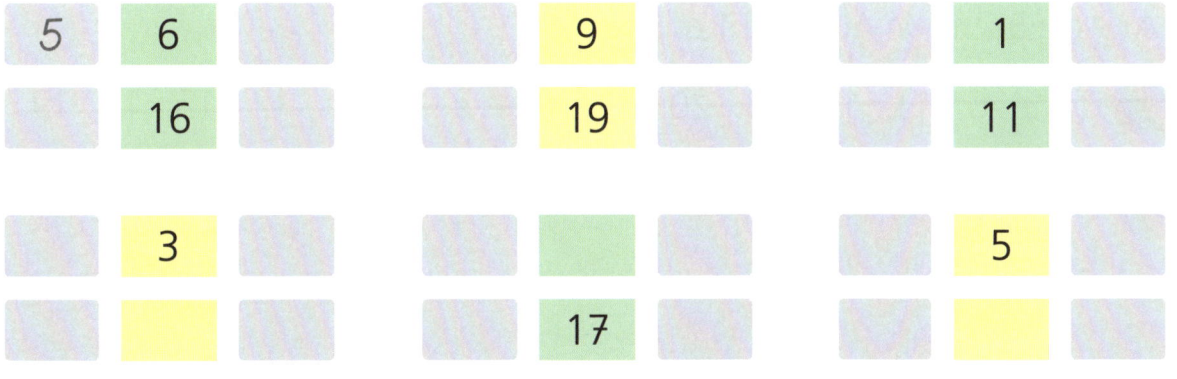

3: Trage ein.

K **1** Vorgänger und Nachfolger thematisieren; ggf. Zahlenkarten I verwenden

AH, FöH, FoH S. 51

77

1. Verbinde und trage ein.

1.

2. Trage ein.

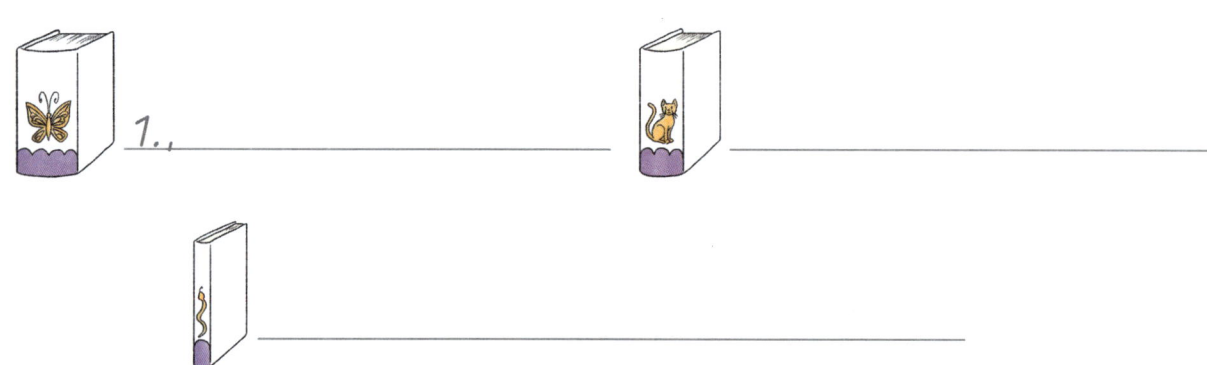

1.,_____

_____

_____

3. Male die Bücher in Aufgabe 1 an.

🟩 1., 5., 6., 13., 16., 18., 20. 🟨 2., 7., 10., 12., 15., 17., 19.

🟦 3., 4., 8., 9., 11., 14.

4. Welche Waggons sind in den Tunneln?

3.,_____

_____

AH, FöH, FoH S. 52

Ⓜ 1
Ⓟ Ⓜ 4

1.

Ich springe immer zwei vorwärts.

Ich springe immer zwei zurück.

! **Zahlenfolgen**

Ich setze fort und springe immer gleich weit.

2. Setze fort. Zeichne die Pfeile und male an.

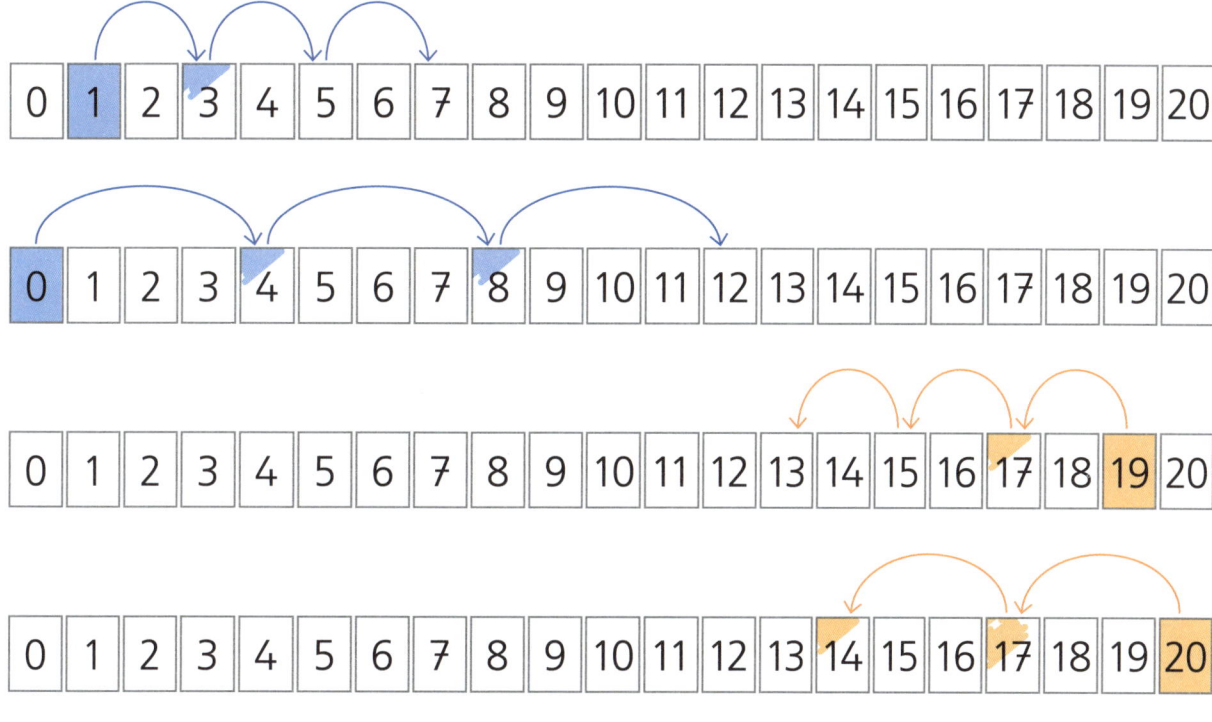

3. Setzt fort. Zeichnet die Pfeile und malt an. Was fällt euch auf?

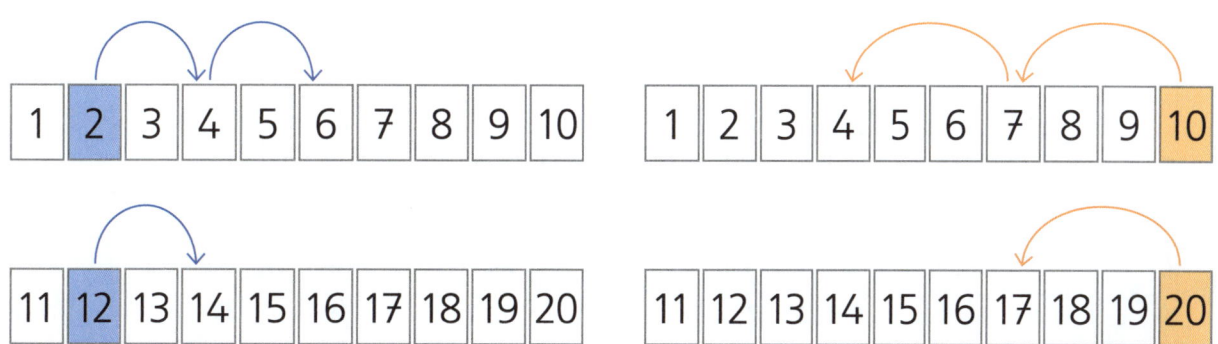

K 1 Regeln bei Zahlenfolgen erkennen und beschreiben
D 2 **K** 3 Zahlenverwandtschaften erkennen
1–3 Ggf. Zahlenkarten I verwenden

AH, FöH, FoH S. 52

79

1. Immer 10. Bündele und trage ein. Verbinde.

 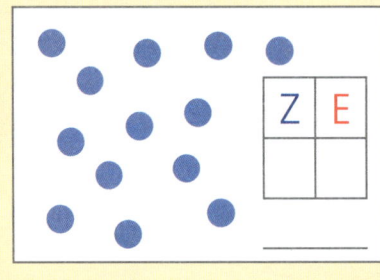 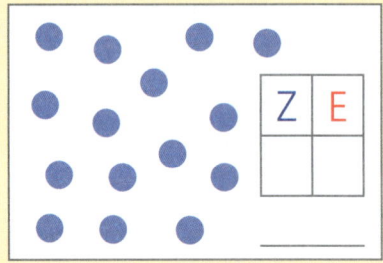

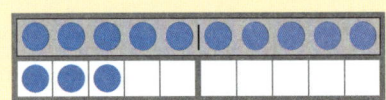

2. Male und rechne.

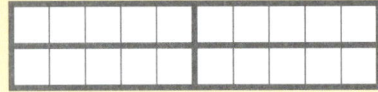   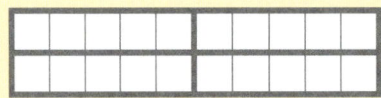   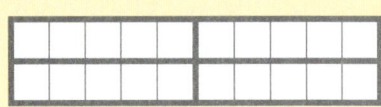

1 Z + 5 E = ☐   1 Z + 9 E = ☐   1 Z + 4 E = ☐

☐ + ☐ = ☐   ☐ + ☐ = ☐   ☐ + ☐ = ☐

3. Fülle aus und finde passende Zahlen.

15 ◯ 14   12 ◯ 16   17 < ☐   20 < ☐   10 + 1 ◯ 11

13 ◯ 14   18 ◯ 16   17 > ☐   ☐ > 17   10 + 5 ◯ 14

4. Trage ein.

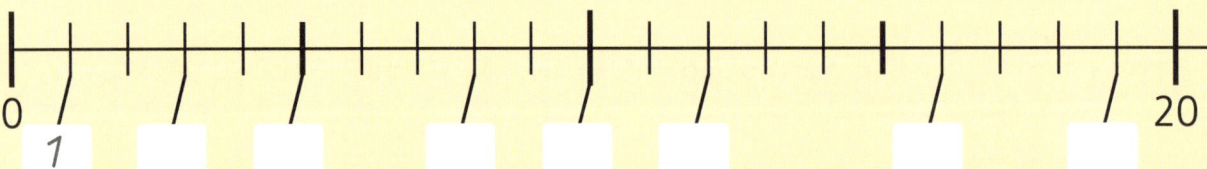

5. Setze fort. Zeichne die Pfeile und male an.

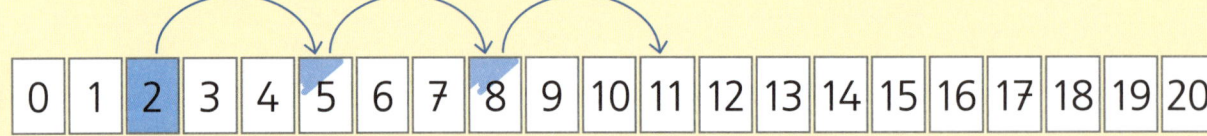

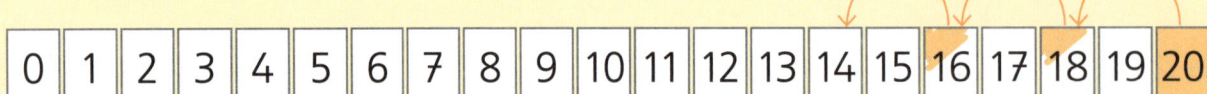

AH, FöH, FoH S. 53

Ⓓ **1, 2, 3** Zum Teil sind mehrere Lösungen möglich

Ⓦ 1

1.

> *Die kleine Aufgabe hilft mir.*

13 + 4 = 17	große Aufgabe
3 + 4 = 7	kleine Aufgabe

2. Lege und rechne.

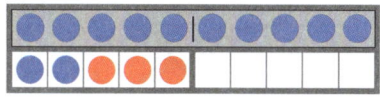

12 + 3 = ☐

2 + 3 = ☐

13 + 1 = ☐

3 + 1 = ☐

16 + 4 = ☐

6 + ☐ = ☐

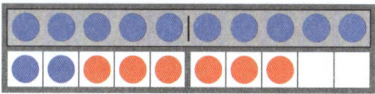

12 + ☐ = ☐

☐ + ☐ = ☐

11 + ☐ = ☐

☐ + ☐ = ☐

☐ + ☐ = ☐

☐ + ☐ = ☐

3. Finde die kleine Aufgabe. Lege, male und rechne.

15 + 3 = ☐

☐ + ☐ = ☐

17 + 2 = ☐

☐ + ☐ = ☐

16 + 0 = ☐

☐ + ☐ = ☐

4: Rechne die kleine Aufgabe zuerst.

12 + 7 = ☐   11 + 6 = ☐   14 + 3 = ☐   13 + 0 = ☐

2 + 7 = ☐   1 + ☐ = ☐   ☐ + ☐ = ☐   ☐ + ☐ = ☐

19 + 1 = ☐   15 + 4 = ☐   17 + 3 = ☐   14 + 4 = ☐

☐ + ☐ = ☐   ☐ + ☐ = ☐   ☐ + ☐ = ☐   ☐ + ☐ = ☐

1.

Hier hilft mir wieder die kleine Aufgabe.

!

15 − 3 = 12   große Aufgabe

5 − 3 =   2   kleine Aufgabe

2. Lege und rechne.

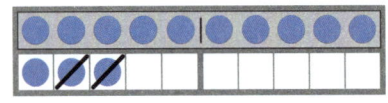

13 − 2 = ▢

3 − 2 = ▢

14 − 0 = ▢

4 − 0 = ▢

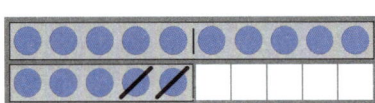

15 − 2 = ▢

5 − ▢ = ▢

16 − ▢ = ▢

▢ − ▢ = ▢

17 − ▢ = ▢

▢ − ▢ = ▢

▢ − ▢ = ▢

▢ − ▢ = ▢

3. Finde die kleine Aufgabe. Lege, male und rechne.

14 − 3 = ▢

▢ − ▢ = ▢

18 − 5 = ▢

▢ − ▢ = ▢

17 − 2 = ▢

▢ − ▢ = ▢

4: Rechne die kleine Aufgabe zuerst.

13 − 1 = ▢   19 − 6 = ▢   20 − 4 = ▢   14 − 4 = ▢

3 − 1 = ▢   *9* − ▢ = ▢   ▢ − ▢ = ▢   ▢ − ▢ = ▢

17 − 4 = ▢   16 − 2 = ▢   18 − 3 = ▢   16 − 5 = ▢

▢ − ▢ = ▢   ▢ − ▢ = ▢   ▢ − ▢ = ▢   ▢ − ▢ = ▢

K **D** **W** **1–3** Aufgaben im Zwanzigerfeld legen und darstellen; Analogien erkennen
W **4** Rechenstrategie anwenden

AH, FöH, FoH S. 54

1.

Gedankenblase:
2 + 1 = 3
12 + 1 =

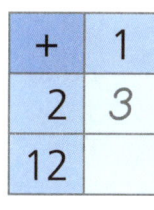

+	1
2	3
12	

+	1	2	← Zeile
2	3		
12			

Spalte ↓

+	1	2
2	3	
12		

2. Rechne.

+	1
3	4
13	

+	3	4
2	5	6
12		

+	2	3	4
4			
14			

+	3	4	5
5			
15			

+	2
7	
8	

+	4	5
2		
3		

+	1	2	3
7			
5			

+	2	3	4
4			
2			

3. Rechne.

Gedankenblase: Und jetzt mit Minus.

−	3	4
6	3	2
16		

−	2	3	4
5			
15			

−	3	4	5
8			
18			

−	2
8	
9	

−	4	5
7		
6		

−	1	2	3
5			
7			

−	2	3	4
4			
6			

4. Ergänze und rechne.

+		4
2	5	
3		

+	2	3	
5			9
	8		

−	3	4	
7			
		2	

−	4	5	
		3	
7			1

1.

Ich finde zwei Nachbaraufgaben.

Ich auch.

!

Jede Aufgabe hat
4 Nachbaraufgaben.

5 + **2** = ☐	
5 + 3 = 8	
5 + **4** = ☐	

4 + 3 = ☐	
5 + 3 = 8	
6 + 3 = ☐	

2. Legt und rechnet.

3 + *1* = ☐	
3 + 2 = ☐	
3 + *3* = ☐	

2 + 2 = ☐	
3 + 2 = ☐	
4 + 2 = ☐	

11 + 5 = ☐	
11 + 6 = ☐	
☐ + 7 = ☐	

10 + 6 = ☐	
11 + 6 = ☐	
12 + ☐ = ☐	

4 + 2 = ☐	
4 + 3 = ☐	
4 + ☐ = ☐	

☐ + 3 = ☐	
4 + 3 = ☐	
5 + 3 = ☐	

15 + ☐ = ☐	
15 + 4 = ☐	
☐ + ☐ = ☐	

☐ + ☐ = ☐	
15 + 4 = ☐	
☐ + 4 = ☐	

3: Finde die Nachbaraufgaben. Rechne.

☐ + 1 = ☐	6 + ☐ = ☐
7 + 2 = ☐	7 + 2 = ☐
☐ + 3 = ☐	8 + ☐ = ☐

☐ + ☐ = ☐	☐ + 3 = ☐
13 + 3 = ☐	13 + 3 = ☐
13 + ☐ = ☐	☐ + ☐ = ☐

☐ + ☐ = ☐	3 + ☐ = ☐
4 + 5 = ☐	☐ + ☐ = ☐
☐ + ☐ = ☐	☐ + ☐ = ☐

11 + 1 = ☐	☐ + ☐ = ☐
☐ + ☐ = ☐	☐ + ☐ = ☐
☐ + ☐ = ☐	☐ + ☐ = ☐

AH, FöH, FoH S. 56

K **W** 1 Nachbaraufgaben (Addition) einführen
W 2,3 Systematik bei Nachbaraufgaben (Addition) erkennen und nutzen

1.

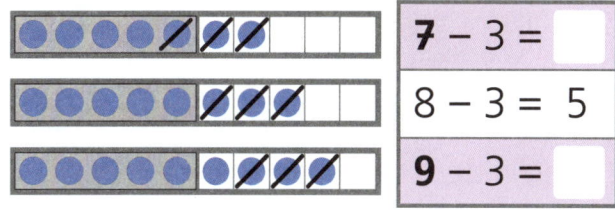

Das geht auch mit Minus.

8 − **2** = ☐	
8 − 3 = 5	
8 − **4** = ☐	

7 − 3 = ☐	
8 − 3 = 5	
9 − 3 = ☐	

2. Legt und rechnet.

5 − *1* = ☐	
5 − 2 = ☐	
5 − *3* = ☐	

4 − 2 = ☐	
5 − 2 = ☐	
6 − 2 = ☐	

17 − 5 = ☐	
17 − 6 = ☐	
☐ − 7 = ☐	

16 − 6 = ☐	
17 − 6 = ☐	
18 − ☐ = ☐	

6 − 2 = ☐	
6 − 3 = ☐	
6 − ☐ = ☐	

☐ − 3 = ☐	
6 − 3 = ☐	
7 − 3 = ☐	

18 − ☐ = ☐	
18 − 5 = ☐	
☐ − ☐ = ☐	

☐ − ☐ = ☐	
18 − 5 = ☐	
☐ − 5 = ☐	

3: Finde die Nachbaraufgaben. Rechne.

☐ − 3 = ☐	☐ − ☐ = ☐
7 − 4 = ☐	7 − 4 = ☐
☐ − ☐ = ☐	8 − ☐ = ☐

☐ − ☐ = ☐	☐ − ☐ = ☐
☐ − ☐ = ☐	☐ − ☐ = ☐
19 − 3 = ☐	☐ − ☐ = ☐

4: Finde die Nachbaraufgaben. Schreibe ins Heft.
Färbe die Nachbaraufgaben.

4 + 3	12 + 5
8 − 4	17 − 4

S. 8 5   Nr. 4

4 + 2 =	3 + 3 =
4 + 3 =	4 + 3 =
4 + 4 =	5 + 3 =

Ⓚ Ⓦ **1** Nachbaraufgaben (Subtraktion) einführen
Ⓦ **2–4** Systematik bei Nachbaraufgaben (Subtraktion) erkennen und nutzen

AH, FöH, FoH S. 57

85

1.

Ich sortiere so.

Ich sortiere so.

!

ct
Cent

2. Verbinde.

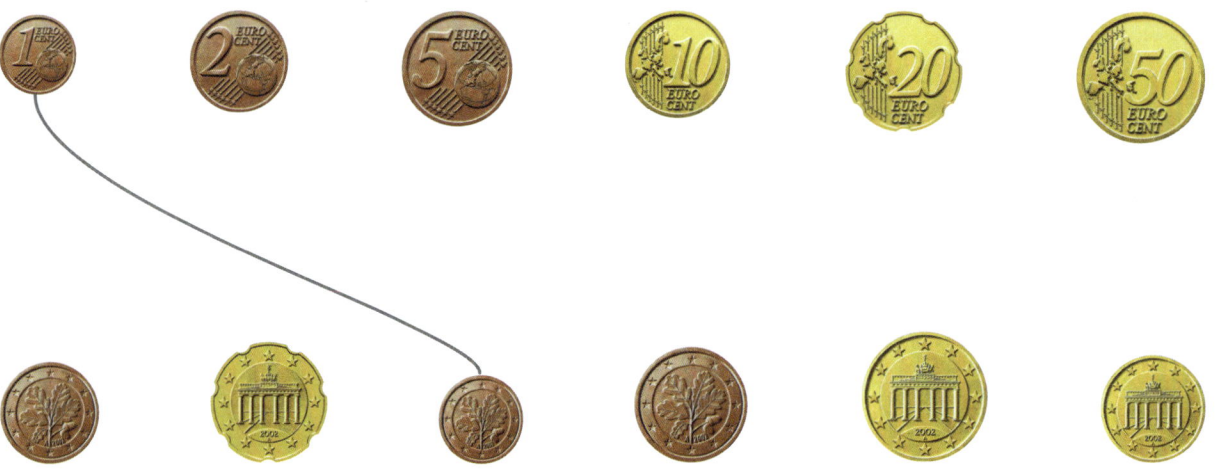

3. Wie viel Cent sind es? Tragt ein.

___ ct   ___ ct   ___ ct

4. Spure nach.

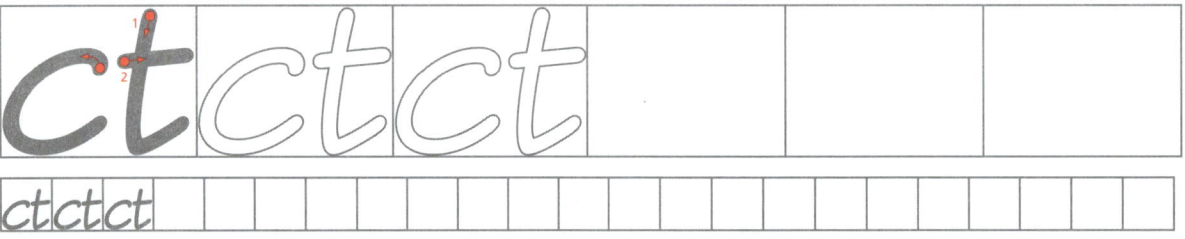

AH, FöH, FoH S. 58

Ⓚ Ⓐ **1** Centmünzen untersuchen; Spielgeld verwenden
2 Centmünzen untersuchen; Spielgeld verwenden
4 Mehrfach nachspuren

1. Wer hat mehr?

Ich habe mehr.

2. Immer 5 ct. Lege und male.

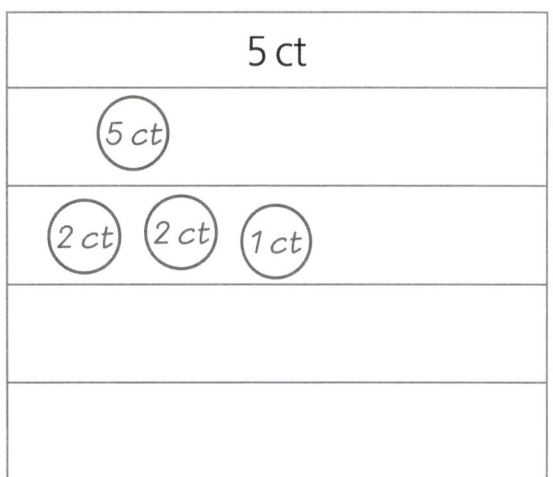

3: Legt und tragt ein.

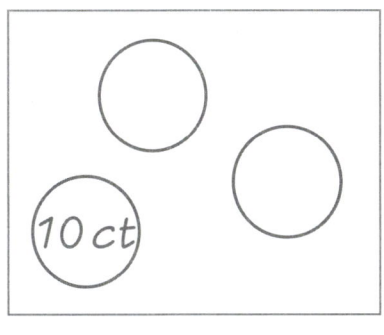

14 ct

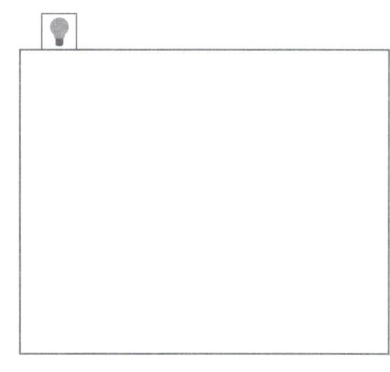

17 ct

_____ ct

4. Setze ein: >, < oder =

3 ct < 5 ct

____ ct ● ____ ct

____ ct ● ____ ct

____ ct ● ____ ct

____ ct ● ____ ct

____ ct ● ____ ct

Ⓚ Ⓜ **1,2** Münzwerte und -anzahl vergleichen; Spielgeld verwenden
Ⓟ Ⓚ Ⓐ Ⓓ **3** Mehrere Lösungen sind möglich; Spielgeld verwenden
Ⓦ **4** Ggf. Spielgeld verwenden

AH, FöH, FoH S. 58

87

1.

Es gibt Münzen und Scheine.

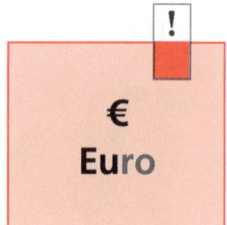

€
Euro

2. Verbinde.

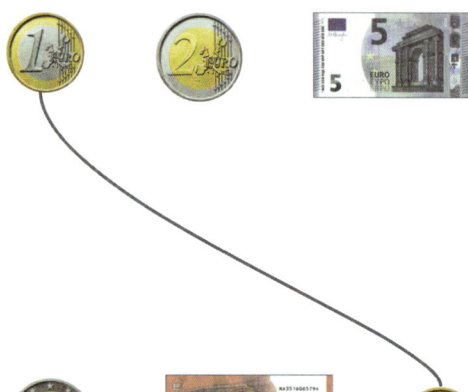

3. Wie viel Euro sind es? Tragt ein.

_____ € 　　　　 _____ € 　　　　 _____ €

4. Spure nach.

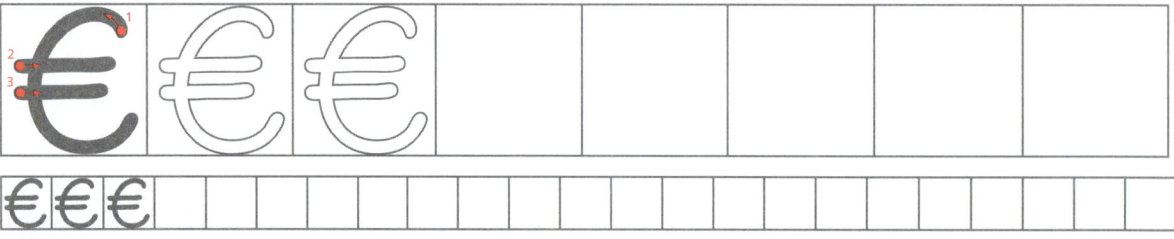

AH, FöH, FoH S. 59, 60

Ⓚ **1** Euromünzen und Euroscheine untersuchen; Spielgeld verwenden
2 Euromünzen und Euroscheine untersuchen; Spielgeld verwenden
4 Mehrfach nachspuren

1. Immer 10 €. Lege und male.

2. Legt und tragt ein.

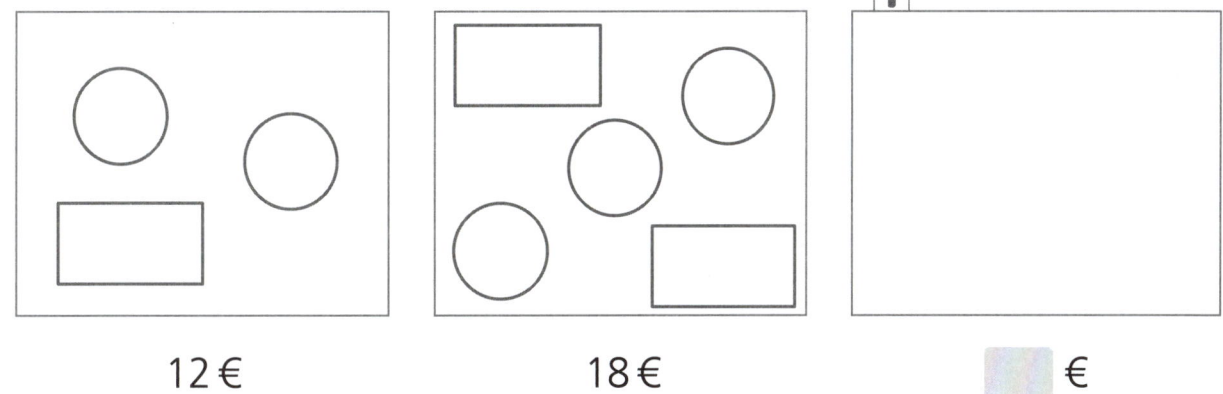

12 €   18 €   ____ €

3. Setze ein: >, < oder =

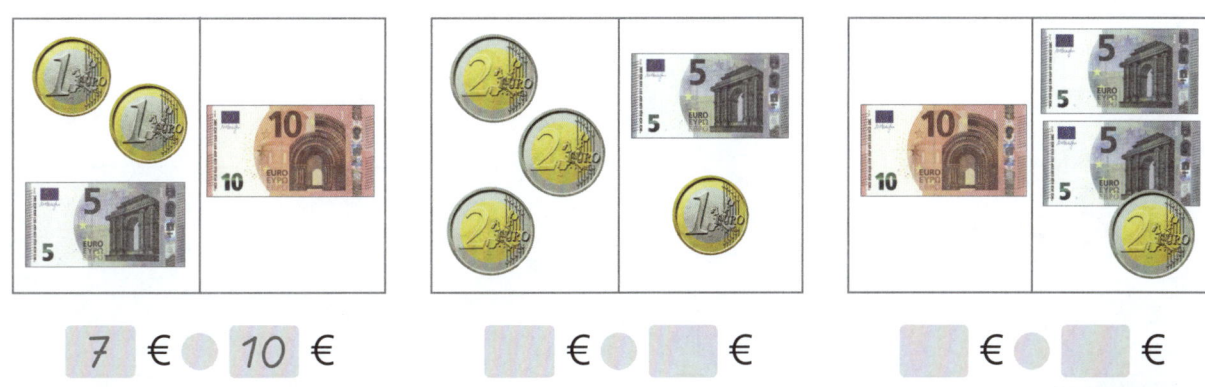

7 € ● 10 €   ____ € ● ____ €   ____ € ● ____ €

Ⓚ Ⓐ **1** Betrag von 10 € auf verschiedene Weise darstellen; Spielgeld verwenden
Ⓟ Ⓚ Ⓐ Ⓓ **2** Mehrere Lösungen sind möglich; Spielgeld verwenden
Ⓦ **3**

AH, FöH, FoH S. 59, 60

89

1. Du hast 20 €. Kaufe ein.

2. Wie bezahlt ihr? Legt und malt.

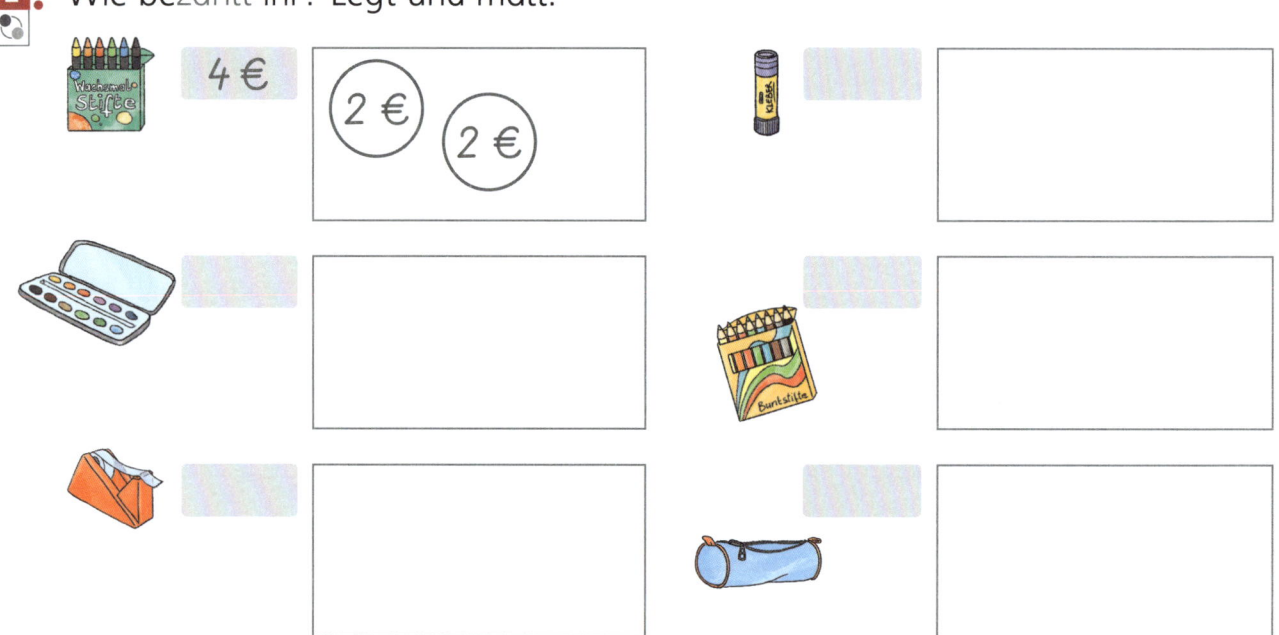

3. Wie bezahlt ihr? Legt, rechnet und malt.

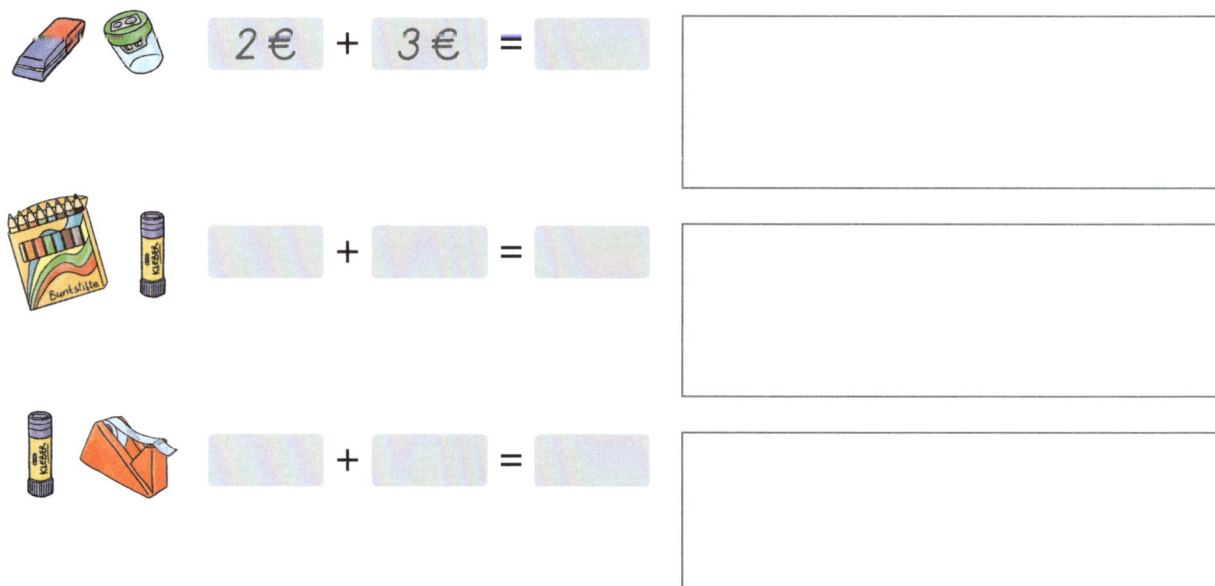

AH, FöH, FoH S. 61

🅚 🅜 🅓 **1** Spielgeld verwenden
🅚 🅓 **2, 3** Mehrere Lösungen sind möglich; Spielgeld verwenden

1. Schreibe ins Heft.

S.	9	1	Nr.	1	
1	2 €	+	7 €	=	1 9 €

 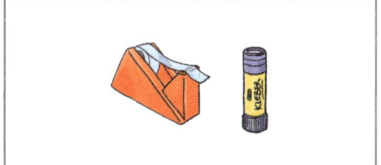 

2: Reicht das Geld? Rechne und kreuze an.

 7 € + 2 € = ___  ⚪ ja ⚪ nein

 ___ + ___ = ___  ⚪ ja ⚪ nein

  ___ + ___ = ___  ⚪ ja ⚪ nein

  ___ + ___ = ___  ⚪ ja ⚪ nein

3. Rechne.

5 € + 4 € = ___ 6 € − 0 € = ___ 15 € + 3 € = ___

3 € + 2 € = ___ 9 € − 8 € = ___ 12 € + 5 € = ___

4 € + 3 € = ___ 4 € − 2 € = ___ 11 € + 4 € = ___

1 € + 7 € = ___ 8 € − 5 € = ___ 17 € + 3 € = ___

Ⓜ **1** Hefteintrag mit € üben; ggf. Spielgeld verwenden
Ⓜ **2** Ggf. Spielgeld verwenden
3 Ggf. Spielgeld verwenden

AH, FöH, FoH S. 61

91

1. Rechne die kleine Aufgabe zuerst.

13 + 6 = ☐   16 − 5 = ☐   15 + 4 = ☐   18 − 6 = ☐

 3 + 6 = ☐   6 − 5 = ☐   ☐ + ☐ = ☐   ☐ − ☐ = ☐

2. Rechne.

−	1	2
9		
19		

+	4	5
2		
12		

−	2	3
7		
17		

+	2	3
5		
15		

3: Finde die Nachbaraufgaben. Rechne.

12 + ☐ = ☐	11 + ☐ = ☐	14 − ☐ = ☐	☐ − ☐ = ☐
12 + 4 = ☐	12 + 4 = ☐	14 − 3 = ☐	☐ − ☐ = ☐
12 + ☐ = ☐	13 + ☐ = ☐	14 − ☐ = ☐	☐ − ☐ = ☐

4. Wie viel ist es? Trage ein.

☐   ☐   ☐

5: Lege und trage ein.

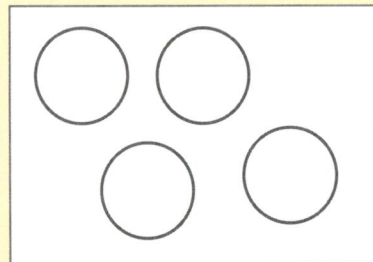

8 ct

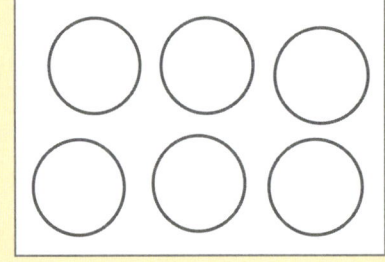

19 ct

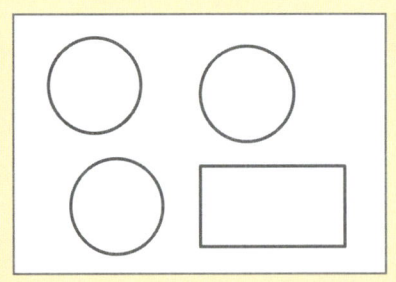

10 €

❺

1. Kreuze an.

○ oben	○ oben	○ rechts	○ rechts
○ unten	○ unten	○ links	○ links

2: Kreuze an.

○ oben	○ rechts	○ oben	○ rechts	○ oben	○ rechts
○ unten	○ links	○ unten	○ links	○ unten	○ links

3: Spielt Schatzsuche. Findet die Schätze.

Spielregeln:

1. Ein Partner versteckt die Schätze.

2. Der andere versucht die Schätze durch genaues Fragen zu finden.

1.

2. Beschreibe den Weg. Beginne immer bei 🟢.

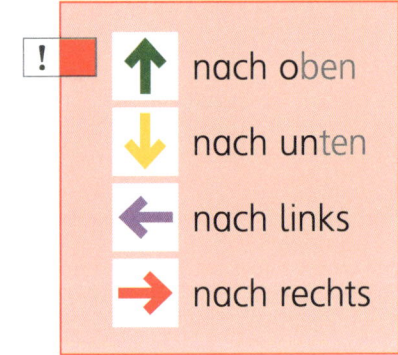

! ⬆ nach oben
⬇ nach unten
⬅ nach links
➡ nach rechts

3. Beschreibt. Wo kommt ihr an? Tragt ein.

Emma → → → → ⬇ ▢

Schule ⬅ ⬇ ⬇ ⬇ ⬇ → ▢

4. Beschreibt. Wo kommt ihr her? Tragt ein.

5. Überlegt euch einen Weg. Beschreibt. Wo kommt ihr an?

Ⓚ **1** Vereinfachten Stadtplan besprechen; Namen und Symbole klären
Ⓚ **2, 3** Fachbegriffe (oben, unten, links, rechts) verwenden Ⓟ Ⓚ **4**
Ⓚ **5** Eigene Wege im Kopf überlegen und beschreiben, ggf. notieren

1: Finde die Fehler und kreise ein.

2. Finde das Spiegelbild. Kreuze an.

3: Lege eine Figur. Dein Partner spiegelt sie. Kontrolliert mit dem Spiegel.

1.

2: Spiegele den Käfer oben so, dass die Bilder unten entstehen.

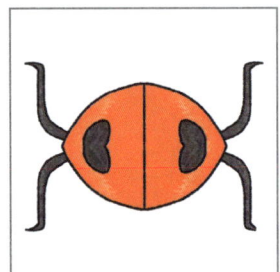

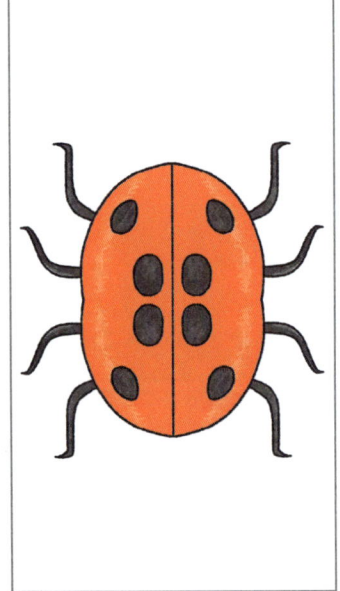

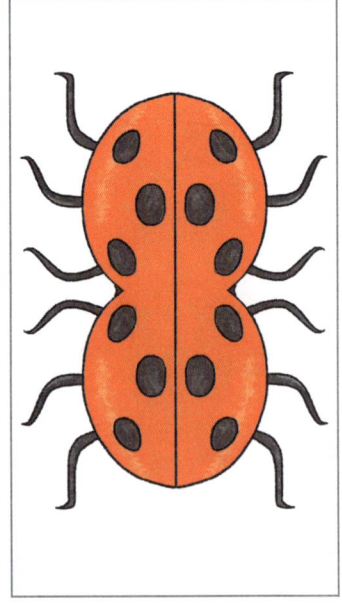

K W 1 Entdeckungen mit dem Spiegel machen und besprechen
P A W 2 Ausgangsbild ist Marienkäfer in Aufgabe 1

1. Spanne nach und spiegele. Zeichne ein.

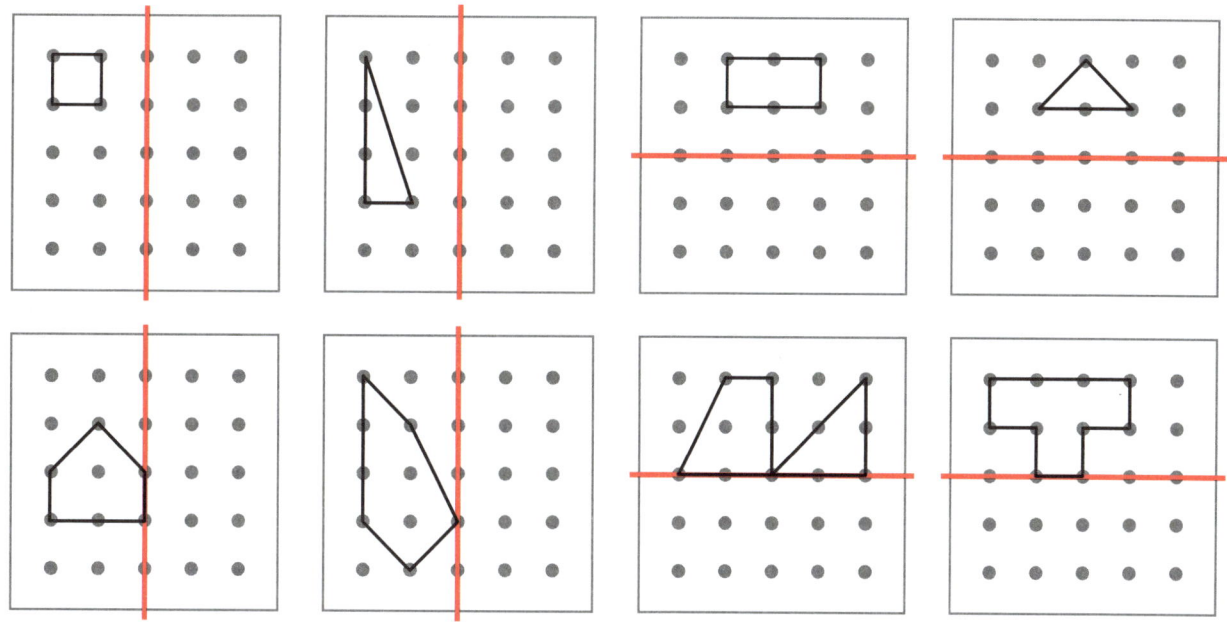

 2: Spanne eine Figur. Dein Partner spiegelt sie. Zeichnet ein.

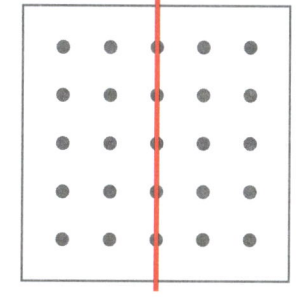 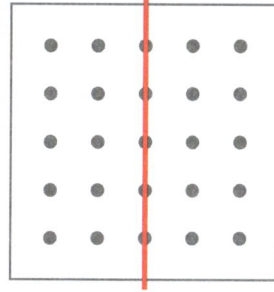 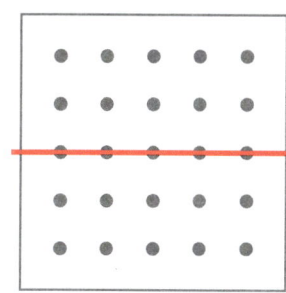 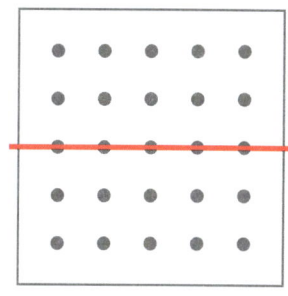

 3: Finde Spiegelachsen. Zeichne sie rot ein.

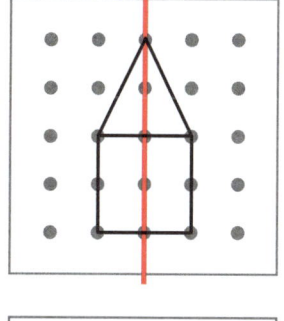 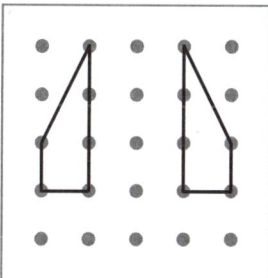 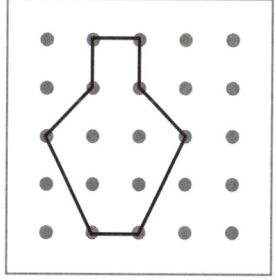 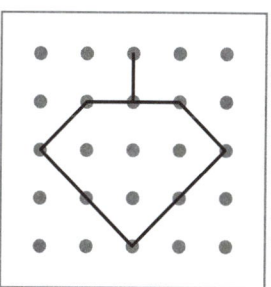

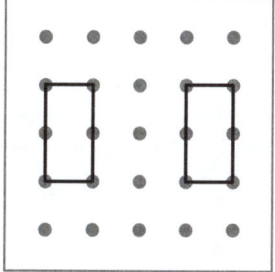 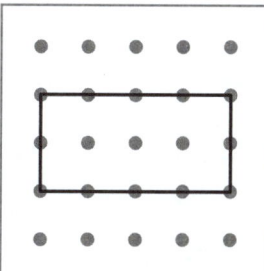 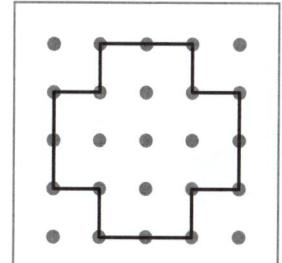 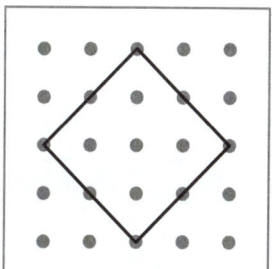

W 1 Spiegelachse auf Geobrett darstellen; genaues Einhalten der Abstände zur Spiegelachse beachten
K W 2 Horizontale und vertikale Spiegelachse nutzen
P K A W 3 Mehrere Spiegelachsen sind möglich

AH, FöH, FoH S. 63

97

1.

2. Verdopple, male und rechne.

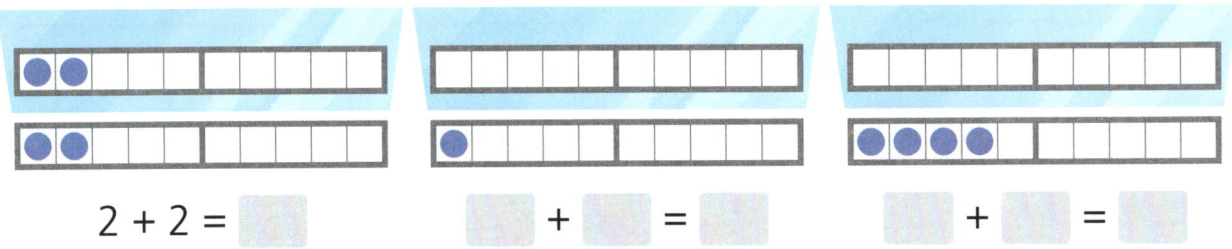

$2 + 2 =$ ☐   ☐ $+$ ☐ $=$ ☐   ☐ $+$ ☐ $=$ ☐

3: Verdopple. Male, kreise ein und rechne.

Zusammen 10.

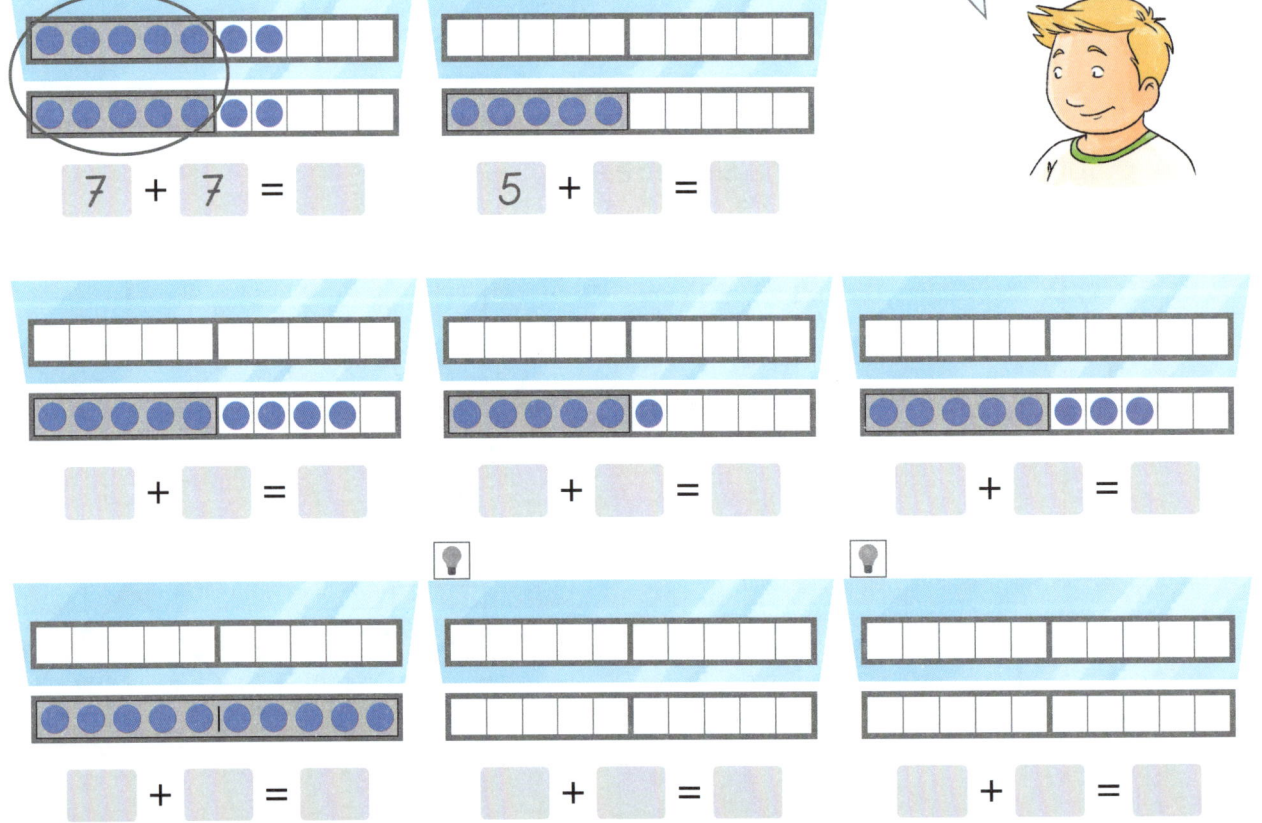

$7 + 7 =$ ☐ $5 + $ ☐ $=$ ☐

☐ $+$ ☐ $=$ ☐   ☐ $+$ ☐ $=$ ☐   ☐ $+$ ☐ $=$ ☐

☐ $+$ ☐ $=$ ☐   ☐ $+$ ☐ $=$ ☐   ☐ $+$ ☐ $=$ ☐

AH, FöH, FoH S. 64

Ⓚ Ⓓ 1 „Verdoppeln" mithilfe eines Spiegels erfahren; ggf. Zehnerfeld und Plättchen verwenden
Ⓓ 2, 3 Verdoppelungen im Spiegelbild zeichnerisch darstellen Ⓦ 3

1. Verdopple. Male, kreise ein und rechne.

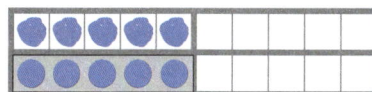
$$5 + 5 = \boxed{}$$

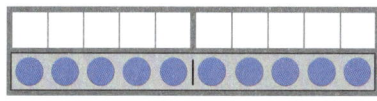
$$10 + \boxed{} = \boxed{}$$

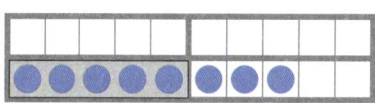
$$8 + \boxed{} = \boxed{}$$

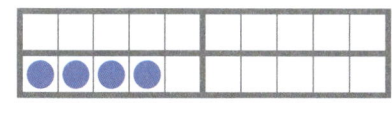
$$\boxed{} + \boxed{} = \boxed{}$$

$$\boxed{} + \boxed{} = \boxed{}$$

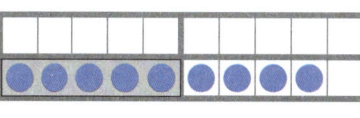
$$\boxed{} + \boxed{} = \boxed{}$$

2. 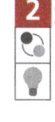 Lege eine Zahl. Dein Partner verdoppelt. Malt und rechnet.

$$\boxed{} + \boxed{} = \boxed{}$$

$$\boxed{} + \boxed{} = \boxed{}$$

$$\boxed{} + \boxed{} = \boxed{}$$

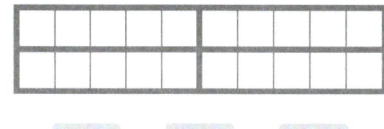
$$\boxed{} + \boxed{} = \boxed{}$$

3. Lege. Rechne im Heft.

$2 + 2 = \blacksquare$

$3 + 3 = \blacksquare$

$1 + 1 = \blacksquare$

S. 99 Nr. 3

$2 + 2 =$

$4 + 4 = \blacksquare$

$8 + 8 = \blacksquare$

$5 + 5 = \blacksquare$

$7 + 7 = \blacksquare$

$6 + 6 = \blacksquare$

$9 + 9 = \blacksquare$

4. Trage ein.

Zahl	2	5	4	10	6		9		1	
Das Doppelte						16		14		6

5. Kannst du durch Verdoppeln die Zahl 5 legen? Kreuze an und begründe.

 ja   nein

D W 1 K D 2 Zwanzigerfeld und Plättchen verwenden
3 Zwanzigerfeld und Plättchen verwenden
P K A W 5

AH, FöH, FoH S. 64

99

1. Für jeden die Hälfte.

8 = 4 + 4

!

Halbieren

8 = 4 + 4

Die **Hälfte** von 8 ist 4.

2. Halbiere. Zeichne einen Strich und rechne.

4 = 2 + ☐

Die Hälfte von 4

ist ☐.

6 = ☐ + ☐

Die Hälfte von 6

ist ☐.

10 = ☐ + ☐

Die Hälfte von 10

ist ☐.

☐ = ☐ + ☐

Die Hälfte von 12

ist ☐.

☐ = ☐ + ☐

Die Hälfte von 16

ist ☐.

☐ = ☐ + ☐

Die Hälfte von 14

ist ☐.

☐ = ☐ + ☐

Die Hälfte von ☐

ist ☐.

☐ = ☐ + ☐

Die Hälfte von ☐

ist ☐.

☐ = ☐ + ☐

Die Hälfte von ☐

ist ☐.

3. Lege verschiedene Zahlen mit Plättchen und halbiere. Was fällt dir auf?

AH, FöH, FoH S. 64

Ⓚ Ⓓ 1 „Halbieren" mithilfe von Trennlinien erfahren

Ⓓ 2

Ⓚ Ⓓ 3 Plättchen verwenden

1. Halbiere. Lege, male und rechne.

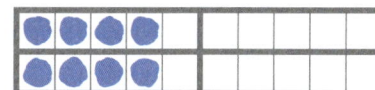

8 = 4 +

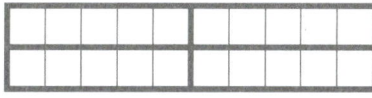

4 = +

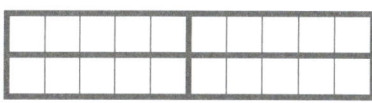

6 = +

12 = +

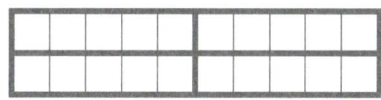

10 = +

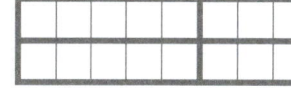

14 = +

18 = +

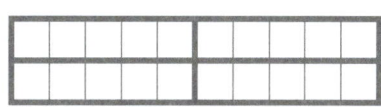

16 = +

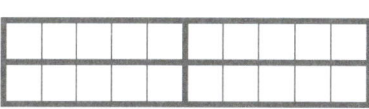

0 = +

2. Welche Zahlen könnt ihr halbieren? Kreist sie ein, rechnet und begründet.

⑧   5   20   9   11   12

14   7   15   6   10

8 = 4 + 4   = +   = +

 = +   = +   = +

3. Trage die Hälfte ein.

Zahl	0	1	2	3	4	5	6	7	8	9	10
Die Hälfte	0	–	1	–							

Zahl	11	12	13	14	15	16	17	18	19	20	21
Die Hälfte											

1.

gerade · ungerade

!

Gerade Zahlen kann ich **halbieren.**

Ungerade Zahlen kann ich **nicht halbieren.**

4   5

2. Male Türme. Schreibe gerade Zahlen blau und ungerade Zahlen rot.

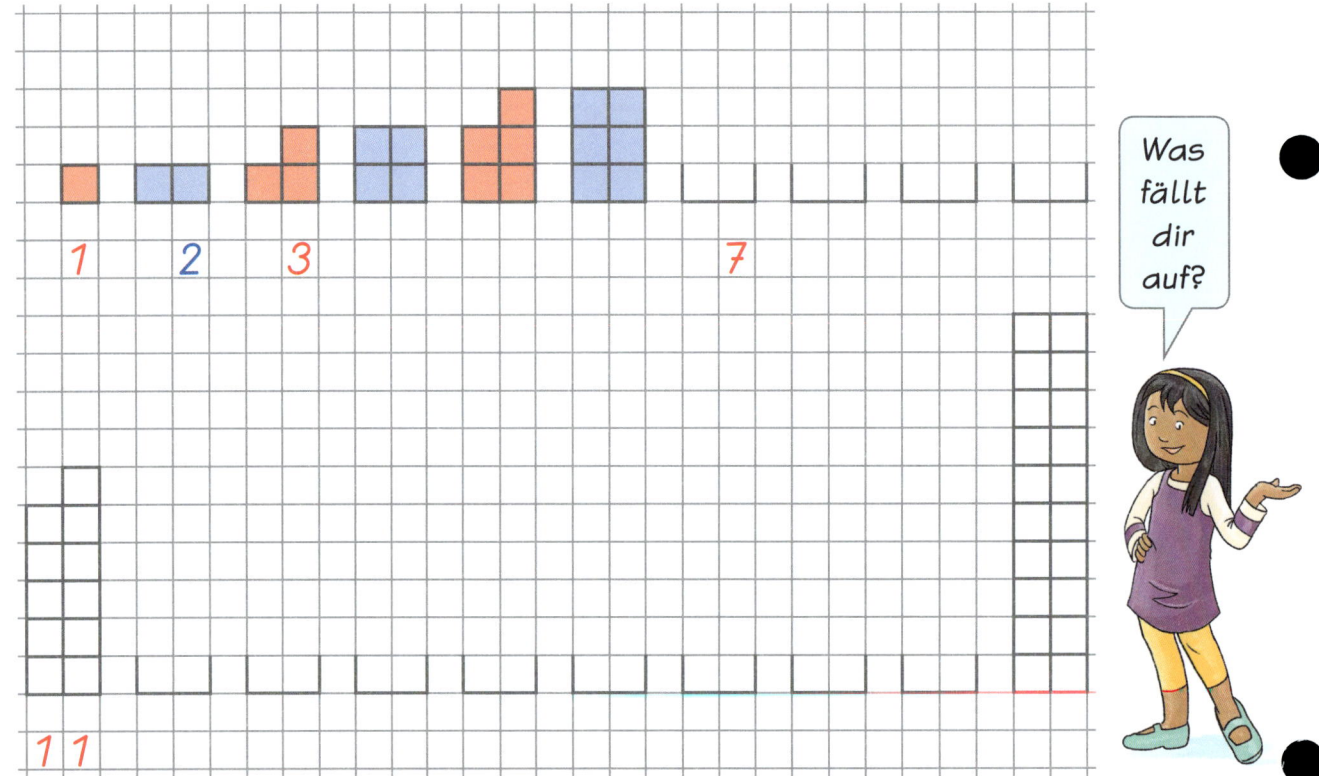

1 *2* *3*   *7*

1 1

Was fällt dir auf?

3. Fülle aus. Male gerade Zahlen blau und ungerade Zahlen rot an.

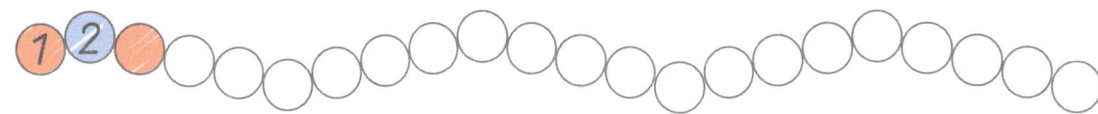

1 2

4. Rechne. Kreise gerade Zahlen blau und ungerade rot ein.
Was fällt dir auf?

4 + 2 = 6   7 + 3 =   5 + 1 =   6 + 1 =

0 + 8 =   5 + 3 =   5 + 2 =   6 + 2 =

12 + 6 =   1 + 11 =   5 + 3 =   6 + 3 =

AH, FöH, FoH S. 65

K W 1 Gerade und ungerade Zahlen thematisieren
D 2 Ggf. Steckwürfeltürme zu Zahlen bauen
K A W 4 Über Entdeckungen sprechen; Regel erkennen

1. Verbinde.

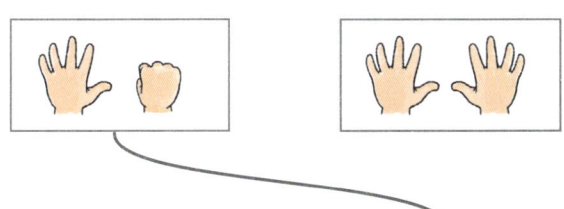 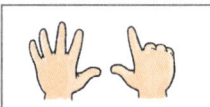 

$10 +$ ☐ $= 10$ $5 +$ ☐ $= 10$ $2 +$ ☐ $= 10$ $7 +$ ☐ $= 10$

2. Male und rechne.

   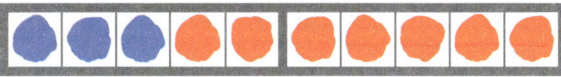

$8 +$ ☐ $= 10$ $3 +$ ☐ $= 10$

$5 +$ ☐ $= 10$ $9 +$ ☐ $= 10$

$7 +$ ☐ $= 10$ $4 +$ ☐ $= 10$

3. Rechne.

$6 +$ ☐ $= 10$ $8 +$ ☐ $= 10$ $10 =$ ☐ $+ 7$

$5 +$ ☐ $= 10$ $2 +$ ☐ $= 10$ $10 =$ ☐ $+ 4$

$3 +$ ☐ $= 10$ $9 +$ ☐ $= 10$ $10 =$ ☐ $+ 1$

4. Zusammen 10. Kreise ein und rechne.

⟨$8 + 2$⟩$+ 3 =$ ☐   ⟨8⟩$+ 3 +$⟨2⟩$=$ ☐

$1 + 9 + 5 =$ ☐ $9 + 4 + 1 =$ ☐

$7 + 3 + 1 =$ ☐ $7 + 6 + 3 =$ ☐

$5 + 5 + 4 =$ ☐ $5 + 9 + 5 =$ ☐

$6 + 4 + 2 =$ ☐ $3 + 8 + 7 =$ ☐

$2 + 8 + 7 =$ ☐ $6 + 5 + 4 =$ ☐

> Ich rechne zuerst
> $8 + 2 = 10$,
> dann $10 + 3 = 13$.

D 1 Ggf. Fingerbilder verwenden
D 2, 3 Ggf. Zehnerfeld und Plättchen und ggf. Fingerbilder verwenden
4 Rechenvorteile beim Rechnen mit drei Summanden nutzen

103

1.

8 + 2 + 4 = 14

8 + 6 = [ ]

Ich rechne erst zur 10, dann weiter.

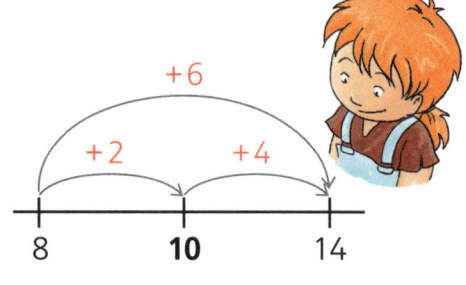

Zur 10, dann weiter

8 + **6** = 14

8 + **2 + 4** = 14

2. Lege, male und rechne.

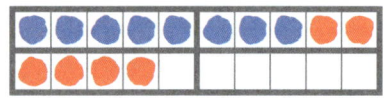

8 + **6** = [ ]

8 + *2* + *4* = [ ]

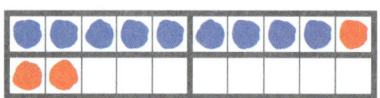

9 + **3** = [ ]

9 + *1* + [ ] = [ ]

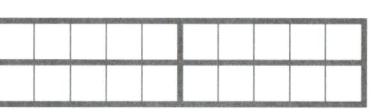

4 + **7** = [ ]

4 + *6* + [ ] = [ ]

8 + **7** = [ ]

8 + [ ] + [ ] = [ ]

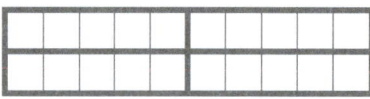

7 + **5** = [ ]

7 + [ ] + [ ] = [ ]

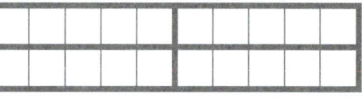

5 + **8** = [ ]

5 + [ ] + [ ] = [ ]

3. Male und rechne.

6 + **5** = [ ]

6 + [ ] I [ ] = [ ]

3 + **9** = [ ]

3 + [ ] + [ ] – [ ]

8 + **5** = [ ]

8 + [ ] + [ ] = [ ]

5 + **7** = [ ]

5 + [ ] + [ ] = [ ]

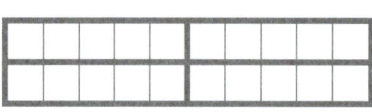

7 + **8** = [ ]

7 + [ ] + [ ] = [ ]

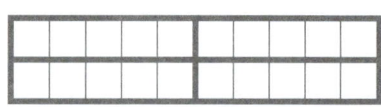

9 + **2** = [ ]

9 + [ ] + [ ] = [ ]

4: Rechne.

9 + **4** = [ ]

9 + [ ] + [ ] = [ ]

5 + **9** = [ ]

5 + [ ] + [ ] = [ ]

6 + **6** = [ ]

6 + [ ] + [ ] = [ ]

AH, FöH, FoH S. 66

K D W 1 Verschiedene Lösungswege thematisieren
D W 2 Zwanzigerfeld und Plättchen verwenden
D W 3 Ggf. Zwanzigerfeld und Plättchen verwenden **W 4**

1.

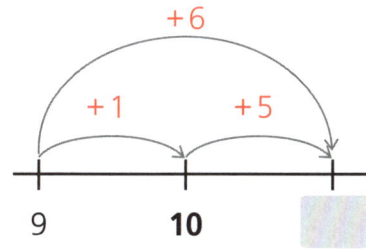 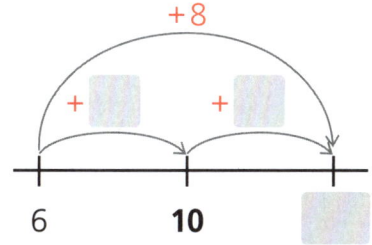 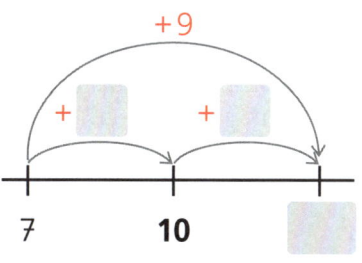

9 + **6** = ☐   6 + **8** = ☐   7 + **9** = ☐
9 + 1 + 5 = ☐   ☐ + ☐ + ☐ = ☐   ☐ + ☐ + ☐ = ☐

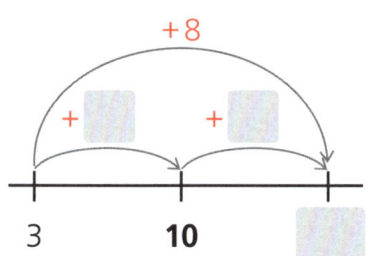 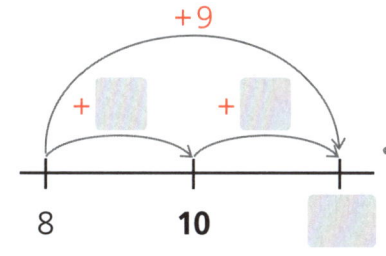 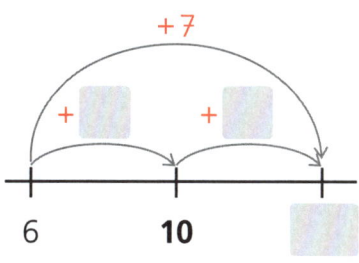

3 + **8** = ☐   8 + **9** = ☐   6 + **7** = ☐
☐ + ☐ + ☐ = ☐   ☐ + ☐ + ☐ = ☐   ☐ + ☐ + ☐ = ☐

2. Zeichne und rechne.

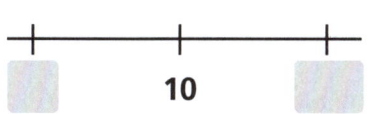 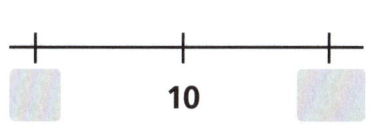 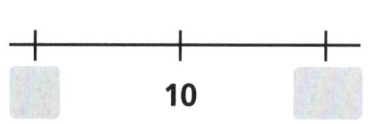

7 + **6** = ☐   4 + **8** = ☐   2 + **9** = ☐
☐ + ☐ + ☐ = ☐   ☐ + ☐ + ☐ = ☐   ☐ + ☐ + ☐ = ☐

3: Rechne im Heft.

4 + 9 = ■   S. 1 0 5 Nr. 3   7 + 5 = ■   6 + 5 = ■

9 + 5 = ■   4 + 9 =   6 + 9 = ■   8 + 7 = ■

                   4 + 6 + 3 =

1.

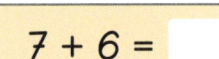

$7 + 6 = \boxed{}$

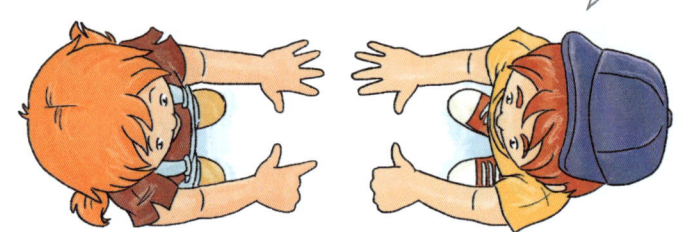

Ich denke an die 5.

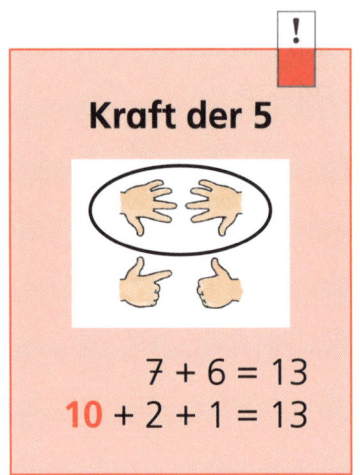

!

Kraft der 5

$7 + 6 = 13$
10 $+ 2 + 1 = 13$

2. Zeigt mit den Händen, kreist ein und rechnet.

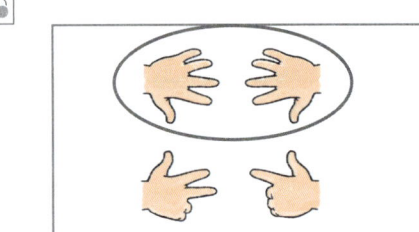

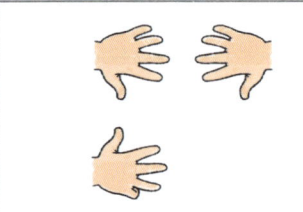

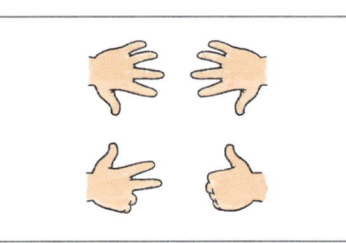

$8 + 7 = \boxed{}$

10 $+ \boxed{} + \boxed{} = \boxed{}$

$9 + 5 = \boxed{}$

10 $+ \boxed{} + \boxed{} = \boxed{}$

$8 + 6 = \boxed{}$

10 $+ \boxed{} + \boxed{} = \boxed{}$

3. Zeigt mit den Händen und rechnet.

$8 + 5 = \boxed{}$ $5 + 6 = \boxed{}$ $9 + 7 = \boxed{}$ $9 + 6 = \boxed{}$

$7 + 9 = \boxed{}$ $9 + 8 = \boxed{}$ $7 + 8 = \boxed{}$ $8 + 9 = \boxed{}$

4. Wo hilft euch die Kraft der 5? Kreuzt an und begründet.

   $4 + 8$ $7 + 4$ $5 + 7$ $1 + 9$

   $8 + 9$ $3 + 8$ $9 + 3$ $7 + 8$

5. Rechne.

9   8

5   5   5

14

6   2

AH, FöH, FoH S. 68

K W 1 Rechenstrategie „Kraft der 5" thematisieren
D W 2   **D W 3** Rechenstrategie „Kraft der 5" anwenden
K A W 4   **P W 5**

 Ich denke an die **10**.

4 + 9 = ☐
4 + **10** = 14

Dann **1** weniger!

!

Nähe zur 10

4 + **9** = 13

1 weniger ↑

4 + **10** = 14

2. Rechne. Denke an die 10.

3 + 9 = ☐
3 + *10* = ☐

7 + 9 = ☐
☐ + ☐ = ☐

6 + 9 = ☐
☐ + ☐ = ☐

9 + 2 = ☐
☐ + ☐ = ☐

8 + 9 = ☐
☐ + ☐ = ☐

9 + 6 = ☐
☐ + ☐ = ☐

9 + 4 = ☐
☐ + ☐ = ☐

9 + 7 = ☐
☐ + ☐ = ☐

9 + 8 = ☐
☐ + ☐ = ☐

3 Kannst du mithilfe der Nähe zur 10 auch diese Aufgabe lösen?
Kreuze an, rechne und begründe.

6 + **8** = ☐   ● ja   ● nein

???

4 Kreise die leichte Aufgabe ein. Rechne sie zuerst.

11 + 5 = ☐
(10 + 5 = *15*)
9 + 5 = ☐
8 + 5 = ☐
7 + 5 = ☐

4 + 12 = ☐
4 + 11 = ☐
4 + 10 = ☐
4 + 9 = ☐
4 + 8 = ☐

6 + 6 = ☐
7 + 6 = ☐
8 + 6 = ☐
9 + 6 = ☐
10 + 6 = ☐

K W 1 Rechenstrategie „Nähe zur 10" thematisieren
W 2 Rechenstrategie „Nähe zur 10" anwenden
K A W 3 K W 4

 107

AH, FöH, FoH S. 68

1.

Ich denke an das Verdoppeln.

6 + 7 =
6 + **6** = 12

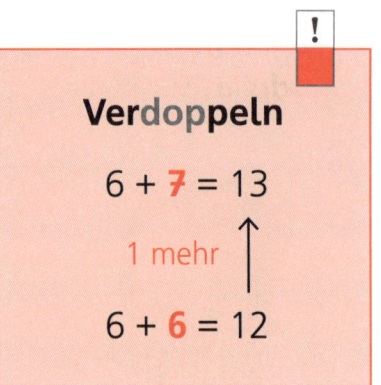

Verdoppeln

6 + **7** = 13

↑ 1 mehr

6 + **6** = 12

---

2. Male und rechne.

7 + 8 =

7 + 7 =

5 + 6 =

____ + ____ =

6 + 7 =

____ + ____ =

3: Rechne. Denke an das Verdoppeln.

8 + 9 =
8 + 8 =

8 + 7 =
____ + ____ =

9 + 8 =
____ + ____ =

6 + 5 =
____ + ____ =

7 + 6 =
____ + ____ =

7 + 8 =
____ + ____ =

4: Rechne. Denke an das Verdoppeln.

+	5	6	7	8
5				
6				
7				

+	8	10	7	9
7				
8				
9				

+	5	4	6	10
6				
4				
9				

5: Wo hilft dir das Verdoppeln? Kreuze an und begründe.

○ 9 + 8   ○ 4 + 8   ○ 8 + 6   ○ 1 + 7

○ 5 + 6   ○ 7 + 8   ○ 9 + 2   ○ 5 + 8

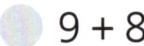

AH, FöH, FoH S. 69

K D W 1 Rechenstrategie „Verdoppeln" thematisieren
D W 2, 4
W 3 **K A W** 5

1.

Zur 10, dann weiter !

$8 + 9 = 17$

$8 + 2 + 7 = 17$

! **Verdoppeln**

$8 + 9 = 17$

1 mehr ↑

$8 + 8 = 16$

Kraft der 5 !

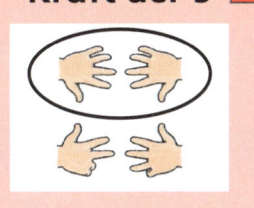

$8 + 9 = 17$

$10 + 3 + 4 = 17$

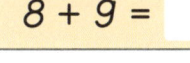
$8 + 9 = $ ⬜

! **Nähe zur 10**

$8 + 9 = 17$

1 weniger ↑

$8 + 10 = 18$

2: Wie rechnest du? Kreuze an, rechne und erkläre.

$6 + 8 = $ ⬜   ◯    ◯    ◯   ◯

3: Wie rechnet dein Partner? Sprecht darüber. Kreuze an und schreibe auf.

$6 + 8 = $ ⬜   ◯    ◯    ◯    ◯

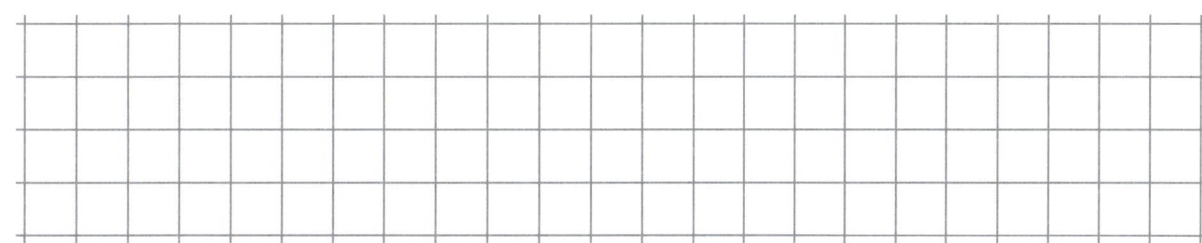

4: Wähle einen Rechenweg. Kreuze an, rechne und begründe.

$6 + 7 = $ ⬜   ◯    ◯    ◯    ◯

$9 + 4 = $ ⬜   ◯     ◯    ◯    ◯

Ⓚ Ⓦ **1** Verschiedene Lösungswege thematisieren
Ⓚ Ⓐ Ⓓ Ⓦ **2, 3** Lösungsweg aufschreiben und mit Partner vergleichen
Ⓚ Ⓐ Ⓦ **4** Verschiedene Lösungswege thematisieren und begründen

1.

 15 − *5* − *2* = 8

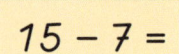 15 − 7 = ☐

Ich rechne erst zur 10, dann weiter.

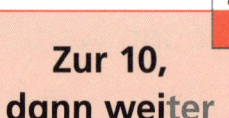

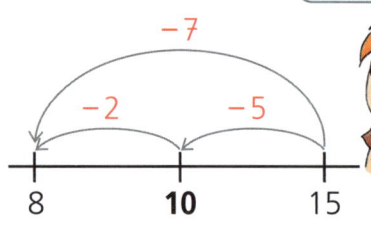

!

Zur 10, dann weiter

15 − **7** = 8

15 − **5** − **2** = 8

2. Lege. Male, streiche durch und rechne.

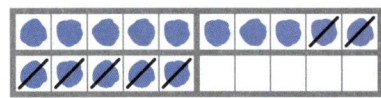

15 − **7** = ☐
15 − *5* − *2* = ☐

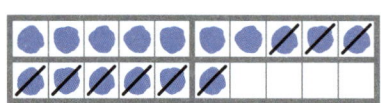

16 − **9** = ☐
16 − *6* − ☐ = ☐

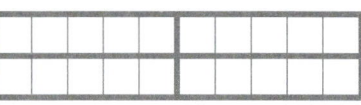

11 − **2** = ☐
11 − *1* − ☐ = ☐

15 − **9** = ☐
15 − ☐ − ☐ = ☐

17 − **8** = ☐
17 − ☐ − ☐ = ☐

12 − **5** = ☐
12 − ☐ − ☐ = ☐

3. Male, streiche durch und rechne.

15 − **6** = ☐
15 − ☐ − ☐ = ☐

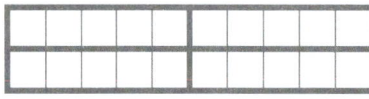

13 − **4** = ☐
13 − ☐ − ☐ = ☐

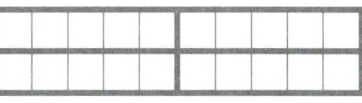

14 − **8** = ☐
14 − ☐ − ☐ = ☐

13 − **9** = ☐
13 − ☐ − ☐ = ☐

11 − **7** = ☐
11 − ☐ − ☐ = ☐

12 − **4** = ☐
12 − ☐ − ☐ = ☐

4. Rechne.

12 − **8** = ☐
12 − ☐ − ☐ = ☐

17 − **9** = ☐
17 − ☐ − ☐ = ☐

14 − **6** = ☐
14 − ☐ − ☐ = ☐

AH, FöH, FoH S. 70

K D W 1 Verschiedene Lösungswege und Entbündeln thematisieren
D W 2 Zwanzigerfeld und Plättchen verwenden
D W 3 Ggf. Zwanzigerfeld verwenden **W 4** Weitere Übungen auf S. 131

1.

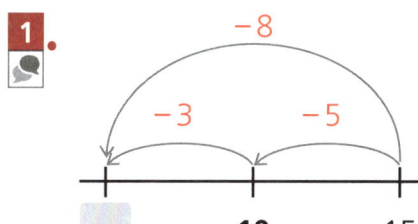 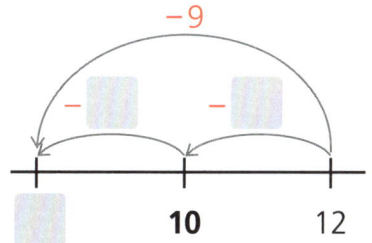 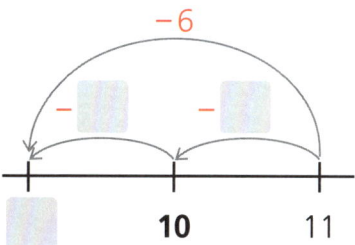

15 − **8** = ☐   12 − **9** = ☐   11 − **6** = ☐

15 − 5 − 3 = ☐   ☐ − ☐ − ☐ = ☐   ☐ − ☐ − ☐ = ☐

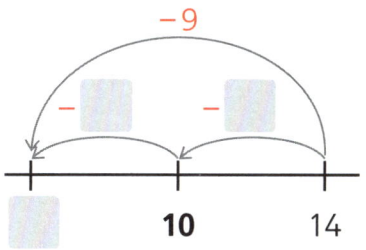 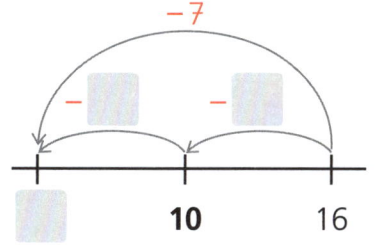 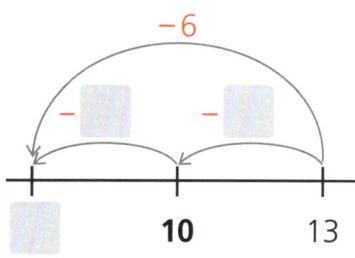

14 − **9** = ☐   16 − **7** = ☐   13 − **6** = ☐

☐ − ☐ − ☐ = ☐   ☐ − ☐ − ☐ = ☐   ☐ − ☐ − ☐ = ☐

2. Zeichne und rechne.

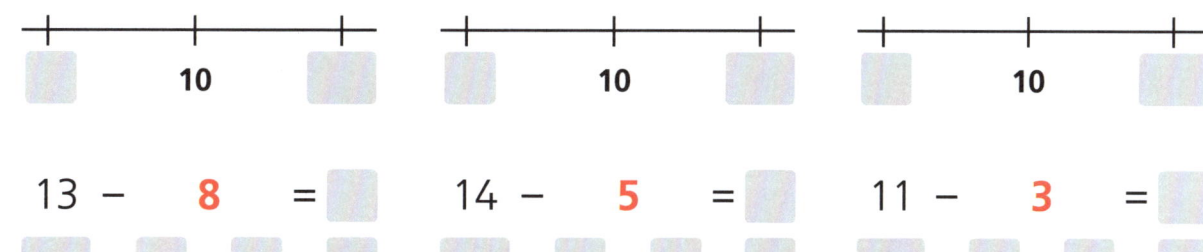

13 − **8** = ☐   14 − **5** = ☐   11 − **3** = ☐

☐ − ☐ − ☐ = ☐   ☐ − ☐ − ☐ = ☐   ☐ − ☐ − ☐ = ☐

3: Rechne im Heft.

16 − 8 = ☐
13 − 5 = ☐

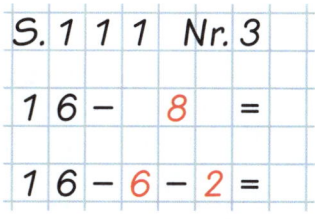

S. 1 1 1 Nr. 3

1 6 − 8 =

1 6 − 6 − 2 =

14 − 7 = ☐   11 − 5 = ☐
12 − 6 = ☐   13 − 7 = ☐

1.

Ich denke an die **10**.

$14 - 9 = \boxed{}$

$14 - 10 = 4$

Dann **1** mehr!

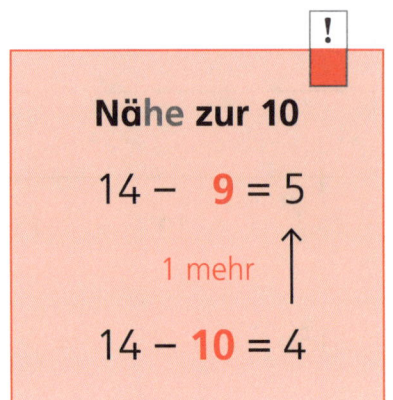

!

Nähe zur 10

$14 - 9 = 5$

↑ 1 mehr

$14 - 10 = 4$

2. Rechne. Denke an die 10.

$13 - 9 = \boxed{}$
$13 - 10 = \boxed{}$

$16 - 9 = \boxed{}$
$\boxed{} - \boxed{} = \boxed{}$

$20 - 9 = \boxed{}$
$\boxed{} - \boxed{} = \boxed{}$

$14 - 9 = \boxed{}$
$\boxed{} - \boxed{} = \boxed{}$

$17 - 9 = \boxed{}$
$\boxed{} - \boxed{} = \boxed{}$

$11 - 9 = \boxed{}$
$\boxed{} - \boxed{} = \boxed{}$

$12 - 9 = \boxed{}$
$\boxed{} - \boxed{} = \boxed{}$

$15 - 9 = \boxed{}$
$\boxed{} - \boxed{} = \boxed{}$

$18 - 9 = \boxed{}$
$\boxed{} - \boxed{} = \boxed{}$

3. Kannst du mithilfe der Nähe zur 10 auch diese Aufgabe lösen? Kreuze an und begründe.

???

$14 - 8 = \boxed{}$ ⚪ ja ⚪ nein

4. Kreise die leichte Aufgabe ein. Rechne sie zuerst.

$15 - 7 = \boxed{}$
$15 - 8 = \boxed{}$
$15 - 9 = \boxed{}$
$\boxed{15 - 10 = 5}$
$15 - 11 = \boxed{}$

$16 - 11 = \boxed{}$
$16 - 10 = \boxed{}$
$16 - 9 = \boxed{}$
$16 - 8 = \boxed{}$
$16 - 7 = \boxed{}$

$20 - 9 = \boxed{}$
$19 - 9 = \boxed{}$
$18 - 9 = \boxed{}$
$17 - 9 = \boxed{}$
$16 - 9 = \boxed{}$

AH, FöH, FoH S. 72

K **W** 1 Rechenstrategie „Nähe zur 10" thematisieren
2 Rechenstrategie „Nähe zur 10" anwenden
P **A** **D** **W** 3 **K** **W** 4

1.

!

**Zur 10,
dann weiter**

$14 - 9 = 5$
$14 - 4 - 5 = 5$

$14 - 9 = \boxed{}$

!

Nähe zur 10

$14 - 9 = 5$

1 mehr ↑

$14 - 10 = 4$

2: Wie rechnest du? Kreuze an, rechne und erkläre.

$13 - 8 = \boxed{}$ ○   ○

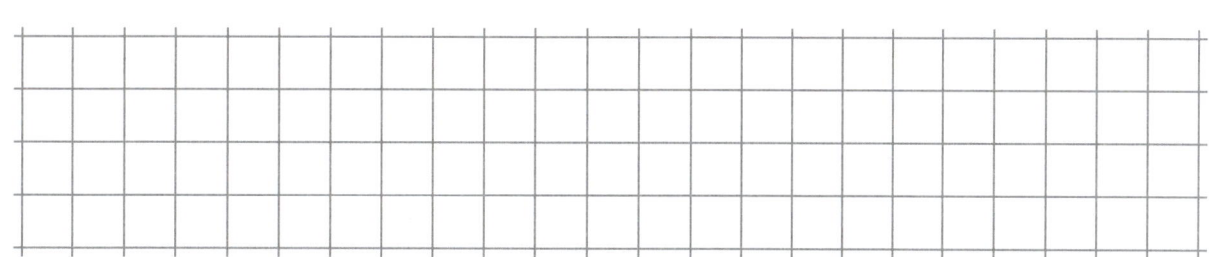

3: Wie rechnet dein Partner? Sprecht darüber. Kreuze an und schreibe auf.

$13 - 8 = \boxed{}$ ○   ○

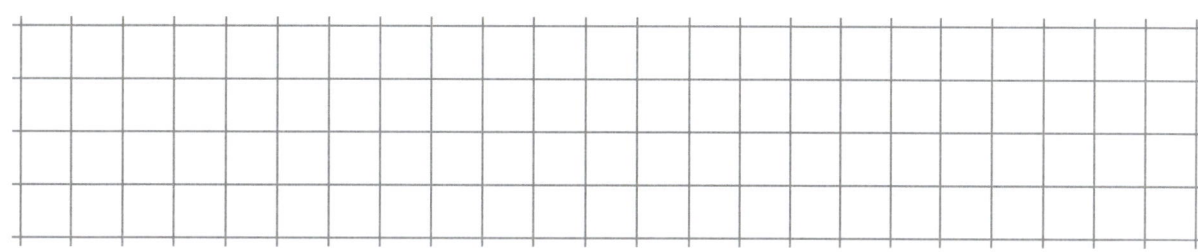

4: Wähle einen Rechenweg. Kreuze an, rechne und begründe.

$15 - 8 = \boxed{}$ ○    ○

$11 - 7 = \boxed{}$ ○    ○

Ⓚ Ⓦ 1 Verschiedene Lösungswege thematisieren
Ⓚ Ⓐ Ⓓ Ⓦ 2, 3 Lösungsweg aufschreiben und mit Partner vergleichen
Ⓚ Ⓐ Ⓦ 4 Verschiedene Lösungswege thematisieren und begründen

113

1. Rechne. Wie heißt der Lösungssatz?

A	C	E	G	H	I	K	N	O	R	S	T	U
0	3	4	7	8	10	11	13	14	15	16	17	18

$5 + 5 = \boxed{10}$ $\boxed{I}$

$11 - 8 = $ ☐ ☐

$11 - 3 = $ ☐ ☐

$6 + 5 = $ ☐ ☐

$16 - 16 = $ ☐ ☐

$5 + 8 = $ ☐ ☐

$8 + 5 = $ ☐ ☐

$8 + 7 = $ ☐ ☐

$11 - 7 = $ ☐ ☐

$10 - 7 = $ ☐ ☐

$17 - 9 = $ ☐ ☐

$4 + 9 = $ ☐ ☐

$4 - 0 = $ ☐ ☐

$9 + 4 = $ ☐ ☐

2. Rechne.

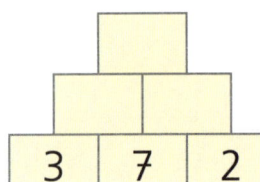  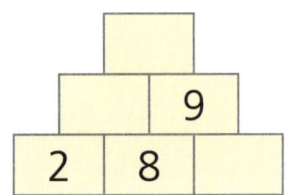 

3. Rechne.

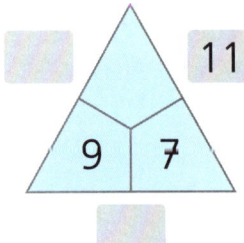 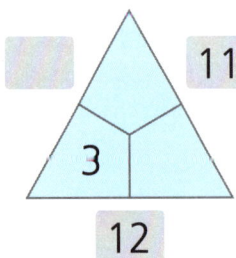 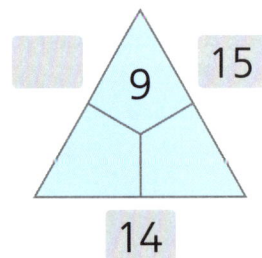 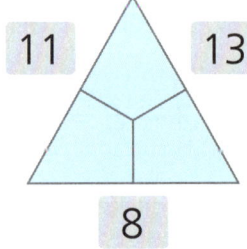

4. Finde drei Plusaufgaben, sodass jede Zahl genau einmal vorkommt.

~~3~~   6   2   10   5   7   8   9   4

$3 + $ ☐ $ = $ ☐

☐ $ + $ ☐ $ = $ ☐

☐ $ + $ ☐ $ = $ ☐

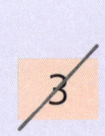

AH, FöH, FoH S. 73

P 2 Weitere Übungen auf S. 129
P 3 Weitere Übungen auf S. 130
P 4 Mehrere Lösungen sind möglich

1.

An der Haltestelle warten schon

☐ Kinder. ☐ Kinder kommen hinzu.

F: Wie viele Kinder sind es?

R: ⬚⬚⬚⬚⬚⬚⬚⬚⬚⬚

A: Es sind ☐ Kinder.

!

Frage, Rechnung, Antwort

Frage
F: Wie viele Kinder sind es?

Rechnung

R: | 7 | + | 4 | = | 1 | 1 | |

Antwort
A: Es sind 11 Kinder.

2: Trage ein und rechne.

☐ Vögel suchen Futter.

☐ Vögel fliegen dazu.

F: Wie viele Vögel sind es?

R: ⬚⬚⬚⬚⬚⬚⬚⬚⬚⬚

A: Es sind ☐ Vögel.

Hanna hat 8 Ballons.

☐ Ballons fliegen davon.

F: Wie viele Ballons hat Hanna noch?

R: ⬚⬚⬚⬚⬚⬚⬚⬚⬚⬚

A: Hanna hat noch ☐ Ballons.

Auf einem Tisch stehen ☐ Gläser.

☐ Gläser sind leer.

F: Wie viele Gläser sind voll?

R: ⬚⬚⬚⬚⬚⬚⬚⬚⬚⬚

A: ☐ Gläser sind voll.

Auf einem Teller liegen ☐ Äpfel.

☐ Äpfel wurden gegessen.

F: Wie viele Äpfel sind es noch?

R: ⬚⬚⬚⬚⬚⬚⬚⬚⬚⬚

A: Es sind noch ☐ Äpfel.

1. 7 Kerzen brennen auf der Torte. Beim ersten Pusten gehen 5 Kerzen aus.

F: Wie viele Kerzen brennen noch?

L:

R:

A: Es brennen noch ☐ Kerzen.

!

Lösungshilfe

Frage
F: Wie viele Kerzen brennen noch?

Lösungshilfe

L:

Rechnung

R: $7 - 5 = 2$

Antwort
A: Es brennen noch 2 Kerzen.

2: Male und rechne.

Oma Erna schenkt David 20 Euro. Er kauft sich davon ein Spiel für 9 Euro.

F: Wie viel Euro hat er noch?

L:

R:

A: Er hat noch ☐ Euro.

Tina bringt 2 Packungen Kekse mit. In einer Packung sind 9 Kekse.

F: Wie viele Kekse sind es zusammen?

L:

R:

A: Es sind ☐ Kekse.

3: Male und rechne.

Die Kinder essen 13 Muffins. Es sind noch 3 Muffins übrig.

F: Wie viele Muffins waren es?

L:

R:

A: Es waren ☐ Muffins.

4: Wählt eine Aufgabe.

Erfindet dazu eine Rechengeschichte. Schreibt Frage, Rechnung und Antwort in euer Heft.

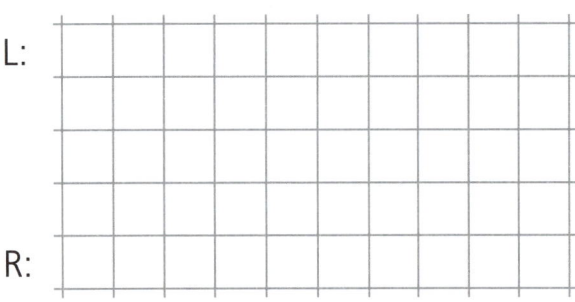

AH, FöH, FoH S. 74

K M D 1 Rechengeschichten mit Lösungshilfen thematisieren
M D 2, 3 Zu den Rechengeschichten passende Skizzen anfertigen
K M D 4

1. Welches Spiegelbild passt? Kreuze an.

2. Rechne.

5 + 6 =   15 – 8 =   7 + 7 =   9 + 4 =

7 + 8 =   12 – 6 =   13 – 5 =   11 – 9 =

3 + 9 =   14 – 9 =   9 + 9 =   17 – 8 =

3. Rechne.

Zahl	2	5	4	10	6		9		1	
Das Doppelte						16		14		6

4. Rechne.

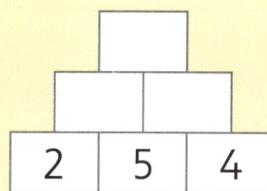 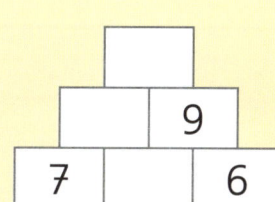 

5. Male und rechne.

Auf einem Parkplatz stehen 13 Autos. 5 Autos kommen dazu.

F: Wie viele Autos stehen jetzt auf dem Parkplatz?

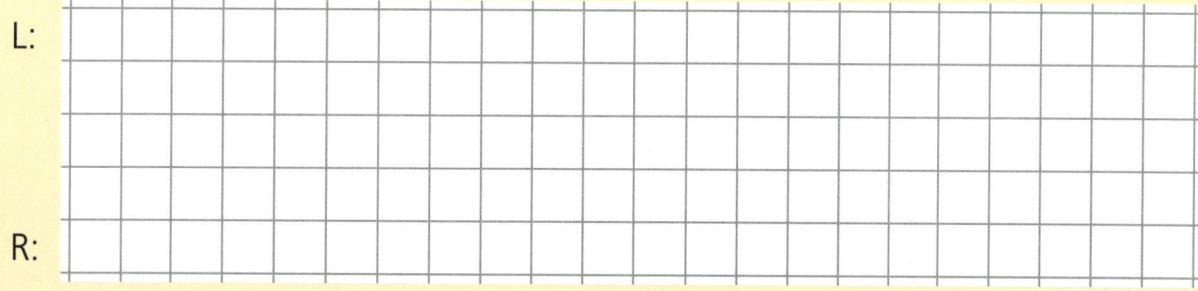

L:

R:

A: Auf dem Parkplatz stehen ___ Autos.

1. !

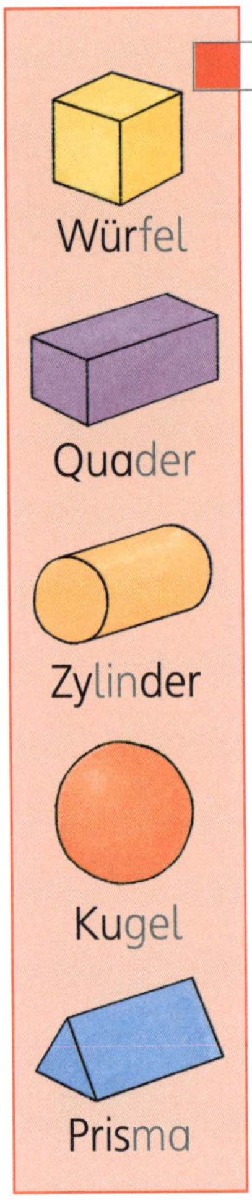

Würfel
Quader
Zylinder
Kugel
Prisma

Körper
Prisma
Würfel
Quader
Zylinder
Kugel
eckig
eckig
eckig
rund
rund
Sortiert eure mitgebrachten Verpackungen.
Körperausstellung
MIRA
MAX
Prisma
Kugel
Zylinder
Würfel
Quader
Knete
TIM

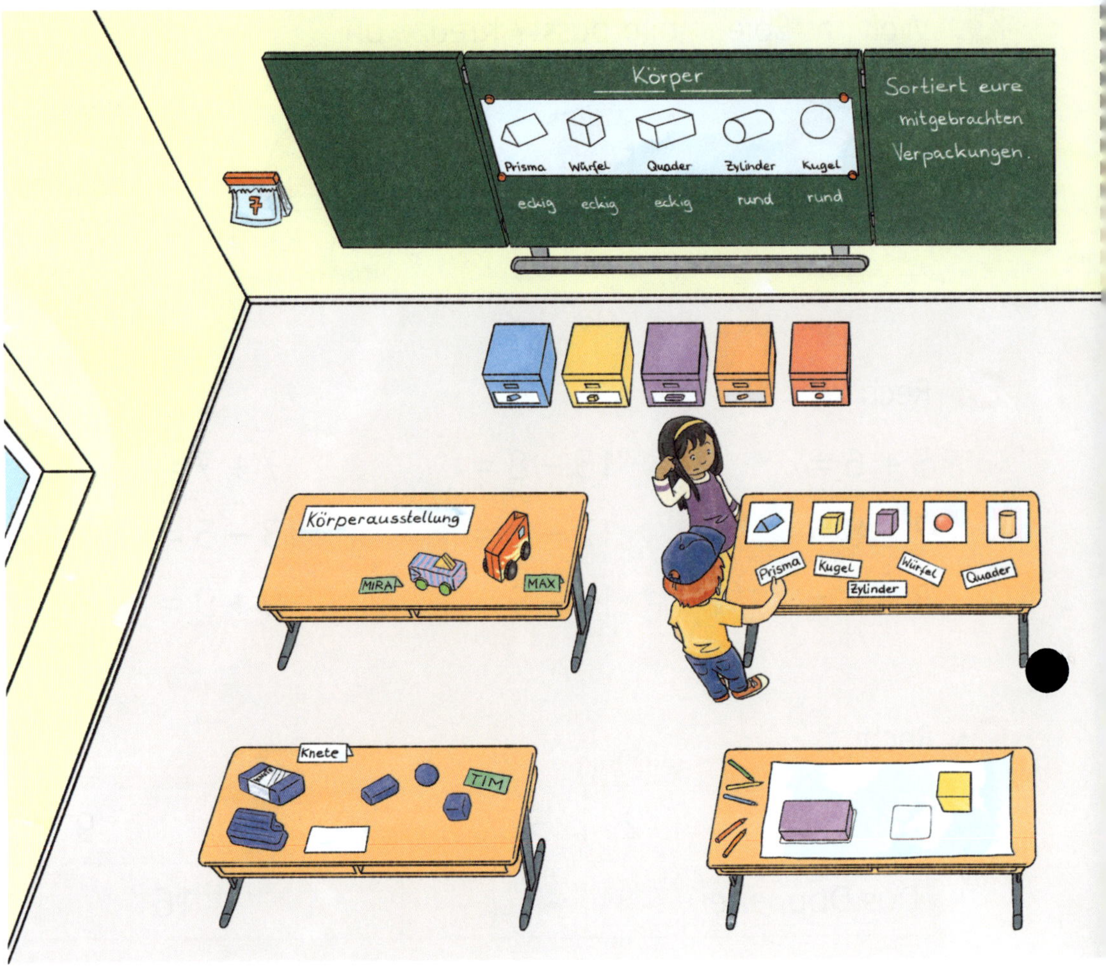

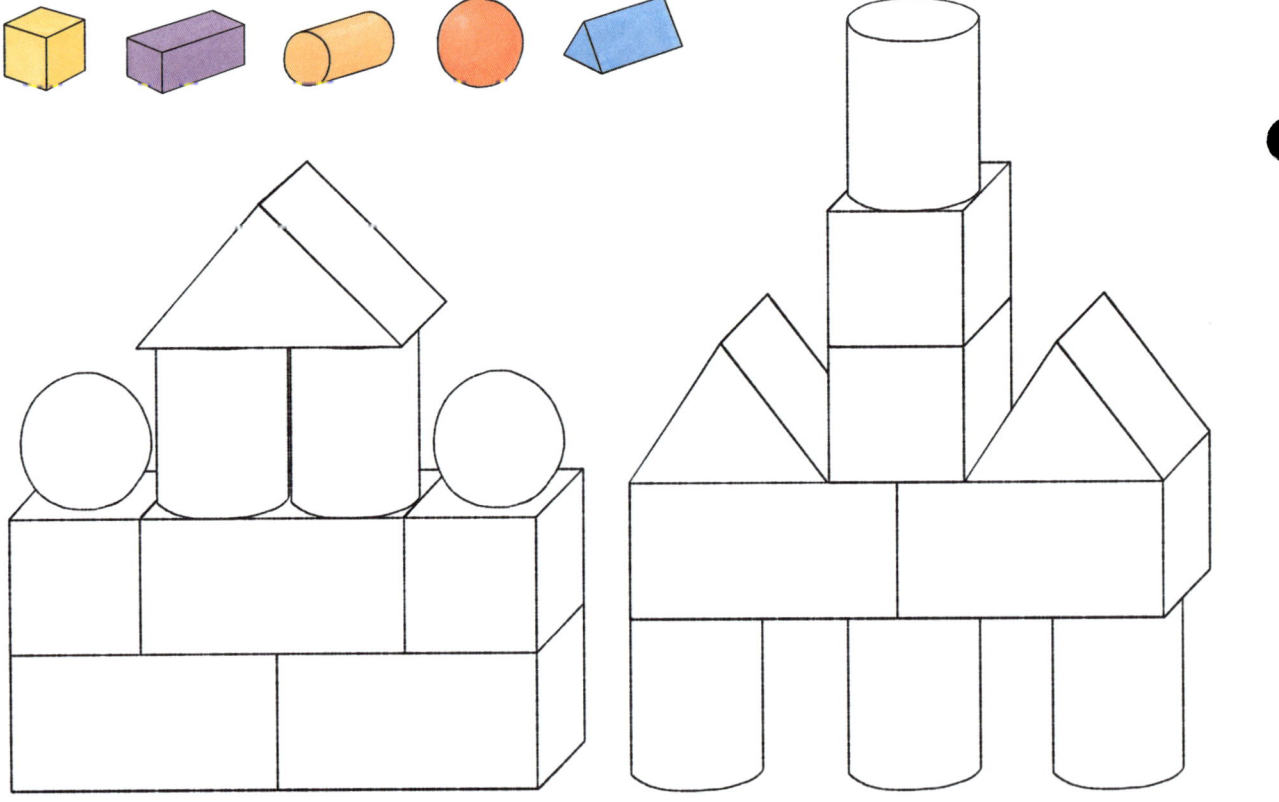

2. Male an.

AH, FöH, FoH S. 75

K A 1 Körper im Bild besprechen; Eigenschaften zuordnen; Verpackungen sammeln und ordnen

Merkwissen

Flächen
- Dreieck
- Quadrat
- Rechteck
- Kreis

Körpereigenschaften
- ist rund
- kann kippen
- ist eckig
- kann rollen

Die Kugel kann rollen.

eckig · rund · kippen · rollen

Meinen Würfel kann man kippen.

---

3 Was stimmt? Probiere und kreuze an.

 ○ ist eckig.

 ○ ist eckig und kann kippen.

 ○ kann rollen.

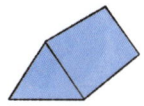 ○ ist rund und kann kippen.

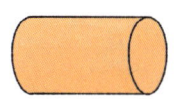 ○ ist eckig.

 ○ ist rund und kann rollen.

---

4 Warum gibt es diese Dinge nicht? Begründe.

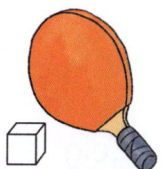

K A 3 Eigenschaften benennen und entdecken; Gegenstände auf Eigenschaften prüfen
K A 4 Verfremdete Alltagsgegenstände benennen; Eigenschaften und Funktionen in Zusammenhang bringen und erklären

AH, FöH, FoH S. 76

119

2: Plane und baue ein eigenes Verpackungsfahrzeug.

1. Erstelle einen Bauplan.

2. Suche passende Körper.

3. Male die Körper bunt an.

4. Klebe alles zusammen.

3. Zeigt eure Fahrzeuge in einer Ausstellung.

K **1** Projekt besprechen; Ideen austauschen
P M **2** Vorgehen besprechen

1.

2. Wie viel kostet es? Lege, male und rechne.

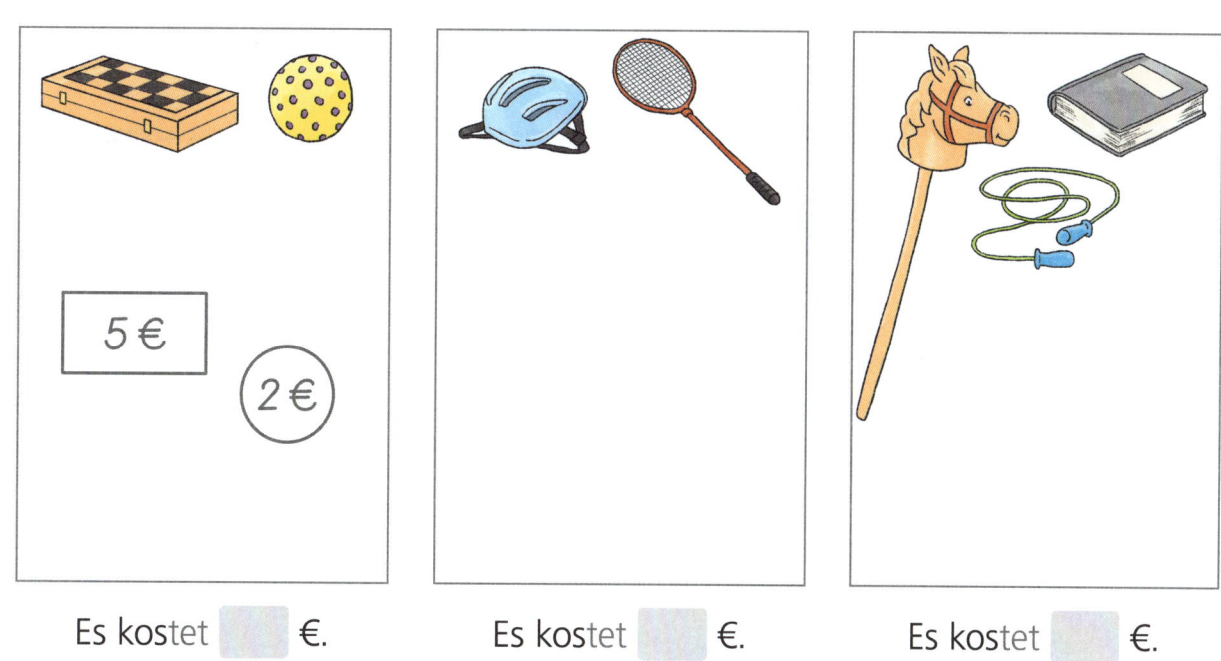

Es kostet ⬚ €.　　　Es kostet ⬚ €.　　　Es kostet ⬚ €.

3. Du hast 20 €. Was kaufst du? Male und schreibe.

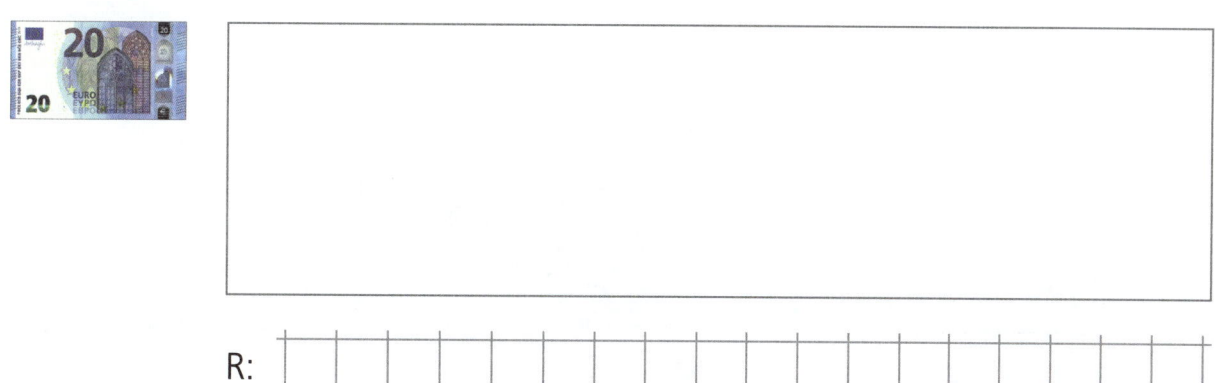

R:

1. Wie viel Euro bleiben übrig? Schreibe, rechne und male.

Du kaufst:

9 €

_____ €

_____ € bleiben übrig.

Du kaufst:

7 €   6 €

_____ + _____ = _____

_____ €

_____ € bleiben übrig.

2: Wie viel Euro bleiben übrig? Schreibe, rechne und male.

Du kaufst:

9 €   4 €

_____ + _____ = _____

_____ €

_____ € bleiben übrig.

Du kaufst:

5 €   2 €   4 €

_____ €   _____ + _____ + _____ = _____   _____ € bleiben übrig.

AH, FöH, FoH S. 78

Ⓜ **1,2** Ggf. Spielgeld verwenden

1.

R: | 1 | 0 | € | – | 7 | € | = | | | € |

A: Emma bekommt ⬚ zurück.

2. Wie viel Euro bekommst du zurück? Rechne und trage ein.

  16 €

  12 €

R: | 2 | 0 | € | | | | | | | |

A: Ich bekomme ⬚ zurück.

R: | | | | | | | | | | |

A: Ich bekomme ⬚ zurück.

3. Wie viel Euro bekommst du zurück? Rechne und schreibe ins Heft.

  3 €

S. 1 2 3 Nr. 3

R: 1 0 € – 3 € =

A: Ich bekomme

  12 €

  19 €

  5 €

1.

Es ist 8 Uhr.

2. Trage ein.

9 Uhr   6 Uhr   Uhr   Uhr   Uhr

21 Uhr   Uhr   13 Uhr   Uhr   Uhr

AH, FöH, FoH S. 80

Ⓚ Ⓜ **1** Hannas Tagesablauf beschreiben und Uhrzeiten benennen; Zeigerstellungen kennenlernen; Besonderheit 12/24/0 Uhr thematisieren

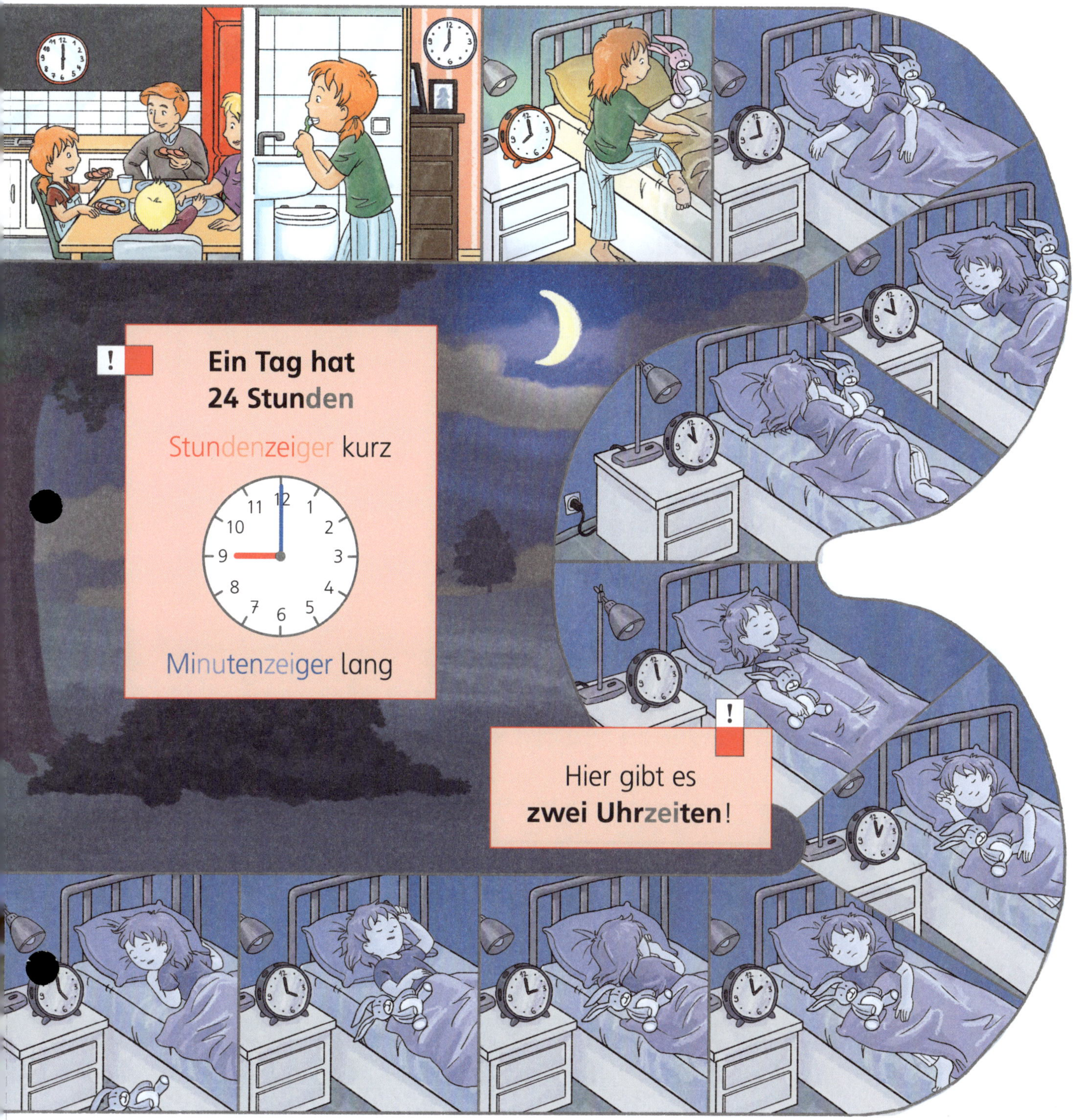

! **Ein Tag hat 24 Stunden**

Stundenzeiger kurz

Minutenzeiger lang

! Hier gibt es **zwei Uhrzeiten**!

3. Male die Zeiger. Trage ein.

3 Uhr   8 Uhr   Uhr   Uhr   5 Uhr

  Uhr   Uhr   14 Uhr   22 Uhr   Uhr

1. Finde alle Möglichkeiten. Was fällt dir auf?

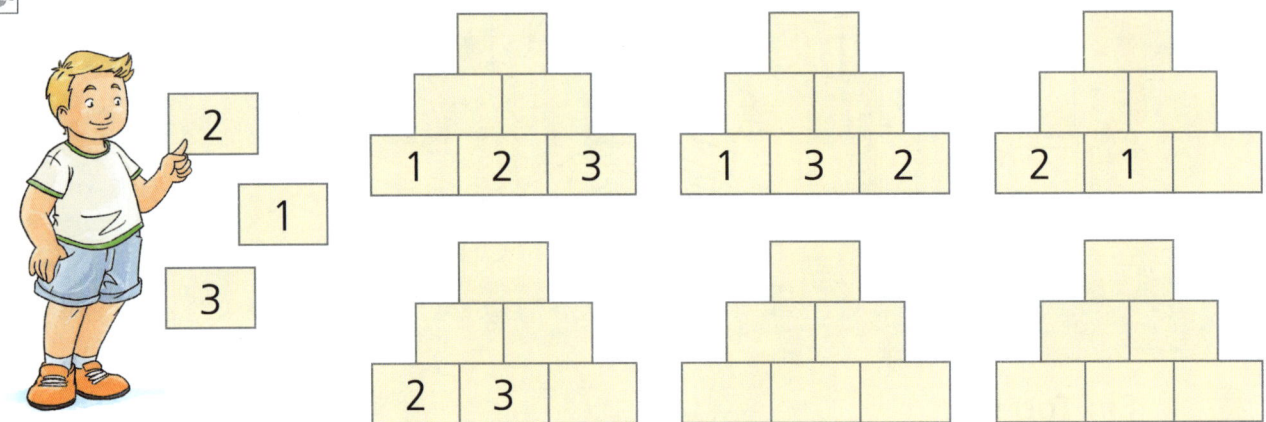

2. Welche Mauern haben das größte Ergebnis? Begründe.

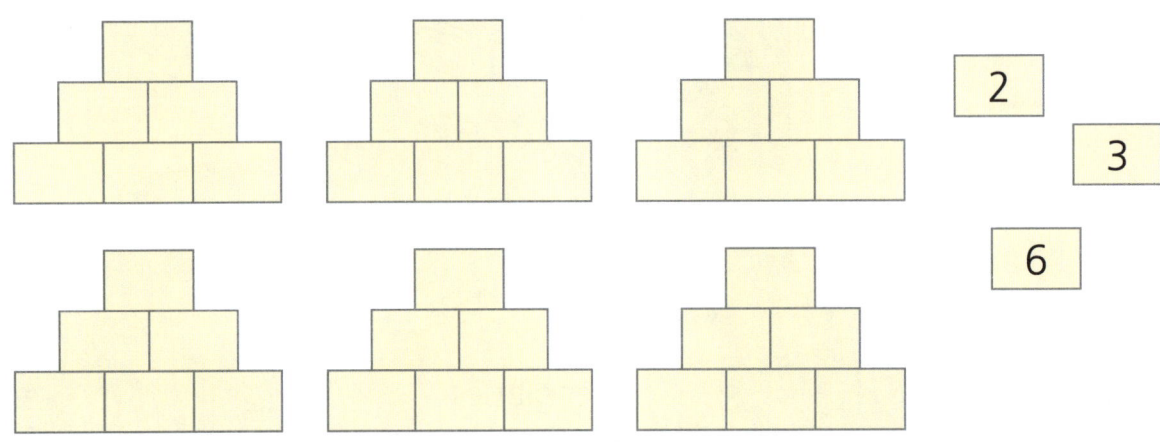

3. Finde die Mauer mit dem größten und kleinsten Ergebnis.

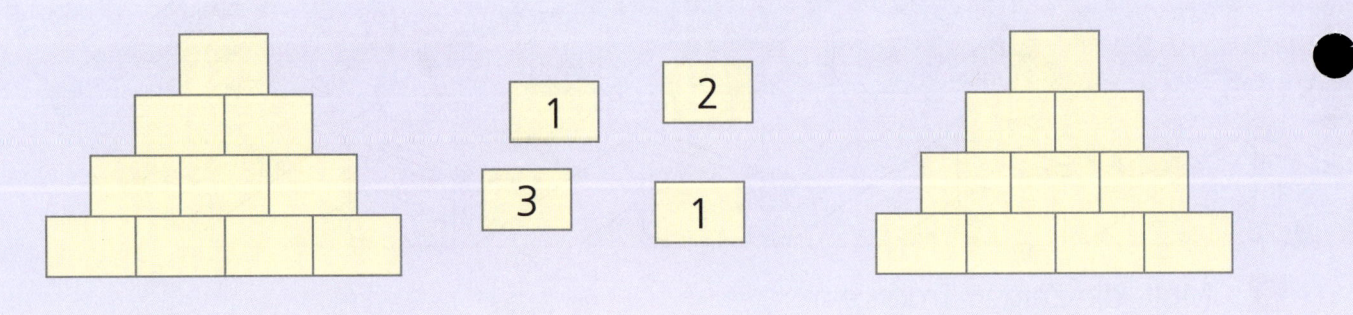

4. Setze die Mauer richtig zusammen.

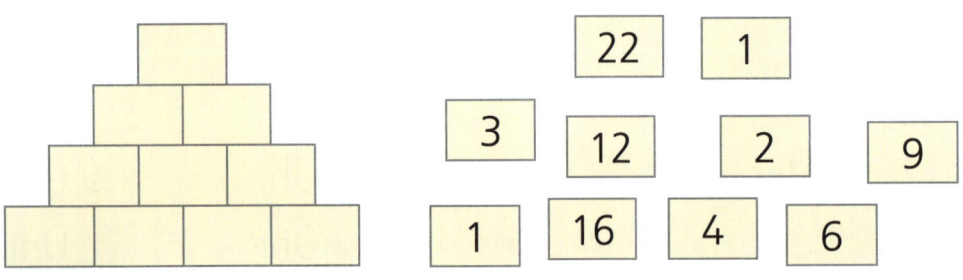

1. Wie viel kostet es? Lege, male und rechne.

Es kostet [ ] €.　　　Es kostet [ ] €.

2. Trage ein.

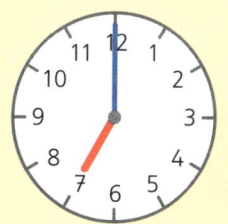

[ ] Uhr

[ ] Uhr

[ ] Uhr

16 Uhr

3. Wie viel Euro bleiben übrig? Male und rechne.

Du kaufst:

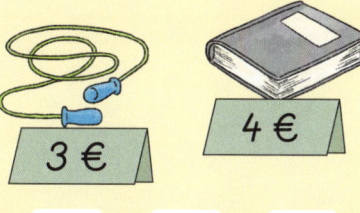

[ ] €

[ ] + [ ] = [ ]

[ ] € bleiben übrig.

4. Wie viel Euro bekommst du zurück? Rechne und trage ein.

R: [ ]　　　　　　　　　R: [ ]

A: Ich bekomme [ ] zurück.　　　A: Ich bekomme [ ] zurück.

1.

ab Seite 45

3 + 2 = ☐	3 + 1 = ☐	2 + 7 = ☐	2 + 0 = ☐
4 + 2 = ☐	3 + 2 = ☐	2 + 6 = ☐	3 + 1 = ☐
5 + 2 = ☐	3 + 3 = ☐	2 + 5 = ☐	4 + 2 = ☐
6 + ☐ = ☐	3 + ☐ = ☐	2 + ☐ = ☐	5 + ☐ = ☐
☐ + ☐ = ☐	☐ + ☐ = ☐	☐ + ☐ = ☐	☐ + ☐ = ☐

2.

ab Seite 45

3 + 2 + 0 = ☐	1 + 2 + 3 = ☐	2 + ☐ = 10
4 + 2 + 0 = ☐	1 + 2 + 4 = ☐	3 + ☐ = 10
5 + 2 + 0 = ☐	1 + 2 + 5 = ☐	4 + ☐ = 10
6 + ☐ + ☐ = ☐	1 + ☐ + ☐ = ☐	5 + ☐ = ☐
☐ + ☐ + ☐ = ☐	☐ + ☐ + ☐ = ☐	☐ + ☐ = ☐

3.

ab Seite 49

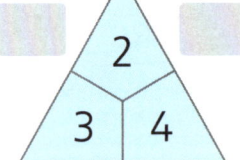 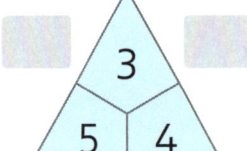 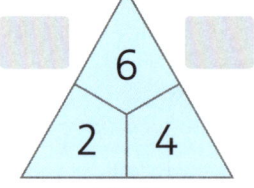 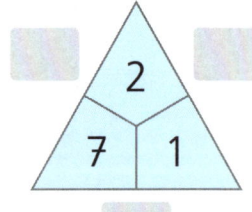

4.

ab Seite 49

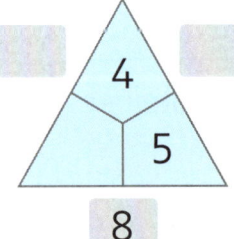 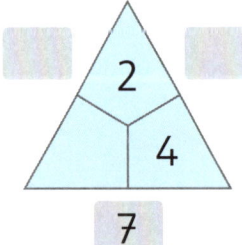 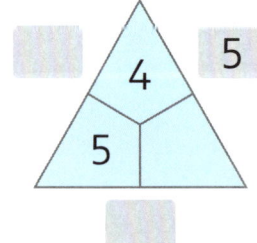 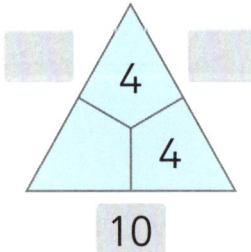

5.

ab Seite 49

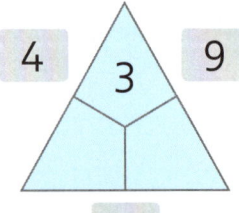 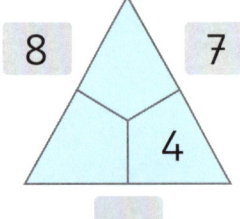 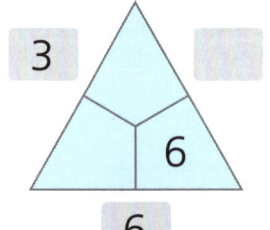 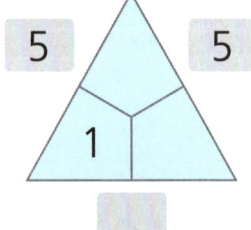

1. ab Seite 55

7 – 3 = ☐	9 – 4 = ☐	6 – 4 = ☐	10 – 6 = ☐
7 – 4 = ☐	9 – 5 = ☐	7 – 4 = ☐	9 – 6 = ☐
7 – 5 = ☐	9 – 6 = ☐	8 – 4 = ☐	8 – 6 = ☐
7 – ☐ = ☐	9 – ☐ = ☐	9 – ☐ = ☐	7 – ☐ = ☐
☐ – ☐ = ☐	☐ – ☐ = ☐	☐ – ☐ = ☐	☐ – ☐ = ☐

2. ab Seite 55

10 – 2 = ☐	8 – ☐ = 1	9 = 9 – ☐	1 = 10 – ☐
10 – 4 = ☐	8 – ☐ = 2	7 = 9 – ☐	3 = 10 – ☐
10 – 6 = ☐	8 – ☐ = 3	5 = 9 – ☐	5 = 10 – ☐
10 – ☐ = ☐	8 – ☐ = 4	3 = ☐ – ☐	7 = ☐ – ☐
☐ – ☐ = ☐	☐ – ☐ = ☐	☐ = ☐ – ☐	☐ = ☐ – ☐

3. ab Seite 64

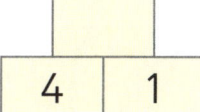 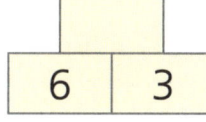 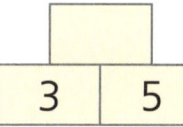 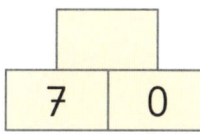 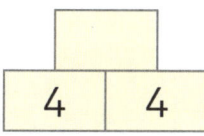

4. ab Seite 64

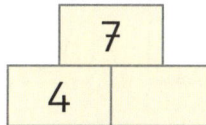 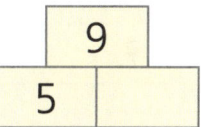 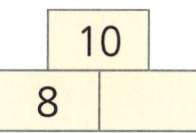 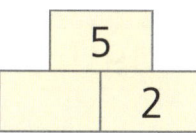

5. ab Seite 64

 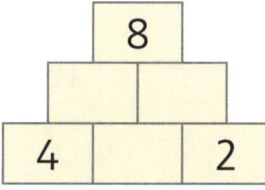  

6. ab Seite 73

  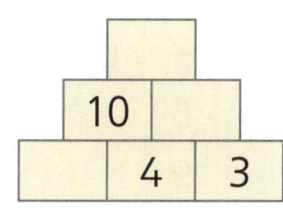 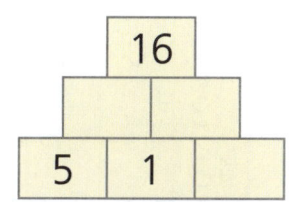

1.
ab Seite 73

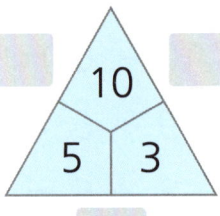
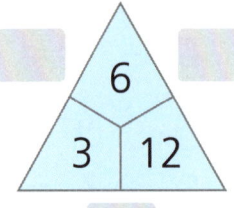
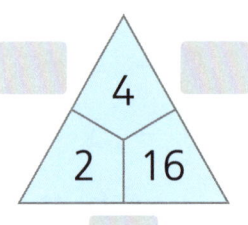
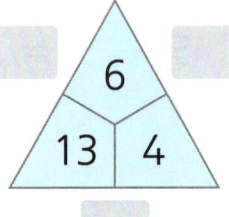

2.
ab Seite 73

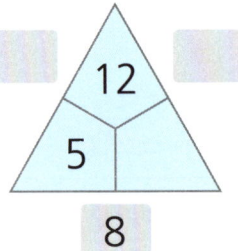
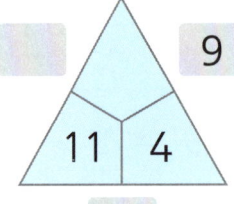
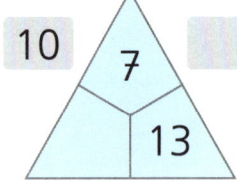
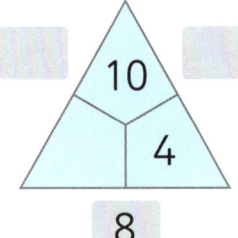

3.
ab Seite 83

+	1
2	
12	

+	3	4
4		
14		

+	2	3	4
5			
15			

+	3	5	2	6
3				
13				

4.
ab Seite 83

–	3
9	
19	

–	3	4
5		
15		

–	1	2	3
7			
17			

–	2	5	3	1
6				
16				

5.
ab Seite 83

+	2	3	4
0			
10			

+	3	1	5	2
3				
5				

+	3	0	4	2	1
16					
12					

6.
ab Seite 83

–	0	1	2
3			
13			

–	6	3	0	5
6				
9				

–	2	5	4	1	3
17					
15					

1. ab Seite 110

5 + 3 = ☐	13 − 8 = ☐	4 + ☐ = 20
6 + 3 = ☐	14 − 8 = ☐	5 + ☐ = 20
7 + 3 = ☐	15 − 8 = ☐	6 + ☐ = 20
8 + ☐ = ☐	16 − ☐ = ☐	7 + ☐ = ☐
☐ + ☐ = ☐	☐ − ☐ = ☐	☐ + ☐ = ☐

2. ab Seite 110

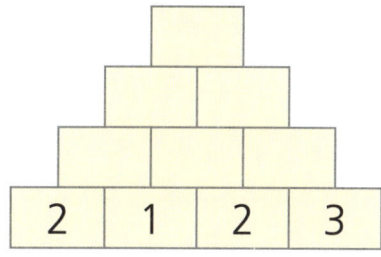
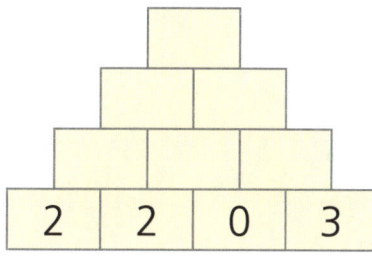
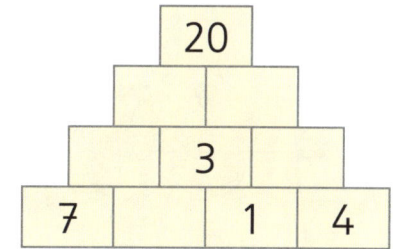

3. ab Seite 110

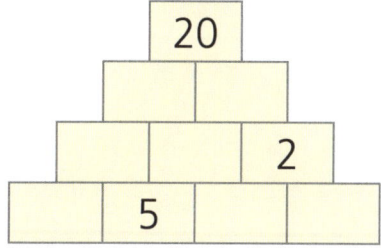

4. ab Seite 110

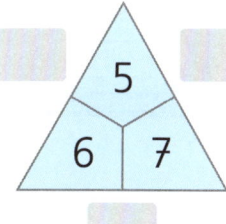
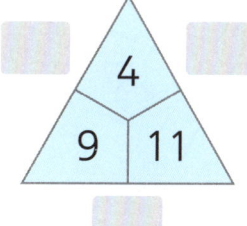
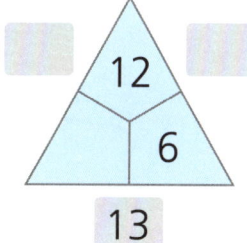
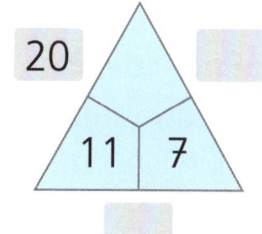

5. ab Seite 110

+	3	1	0	4	6	2	5
4							
2							
11							
14							

−	2	5	0	3	6	4	1
7							
9							
16							
18							

1.

2. Was wollt ihr essen?
Fertige eine Strichliste an.

	Jungen	Mädchen

3. Findet die Preise heraus und schreibt eine Einkaufsliste.

29 ct

	Einzelpreis	Wie viele?		Einzelpreis	Wie viele?
	ct			ct	
	ct			ct	
	ct			ct	

4. Bereitet euer Klassenfrühstück vor. Guten Appetit!

Ⓚ Ⓜ **1** Über Frühstück sprechen   Ⓜ Ⓓ **2** Schüler befragen sich gegenseitig; bei Strichlisten Fünferbündelung beachten   Ⓚ Ⓜ Ⓓ **3** In Prospekten und im Internet recherchieren; bei Strichlisten Fünferbündelung beachten   Ⓚ Ⓜ Ⓓ **4** Weitere Handlungsimpulse: Tischdecken, Getränke

1. Sprecht über das Bild und euren Schulweg.

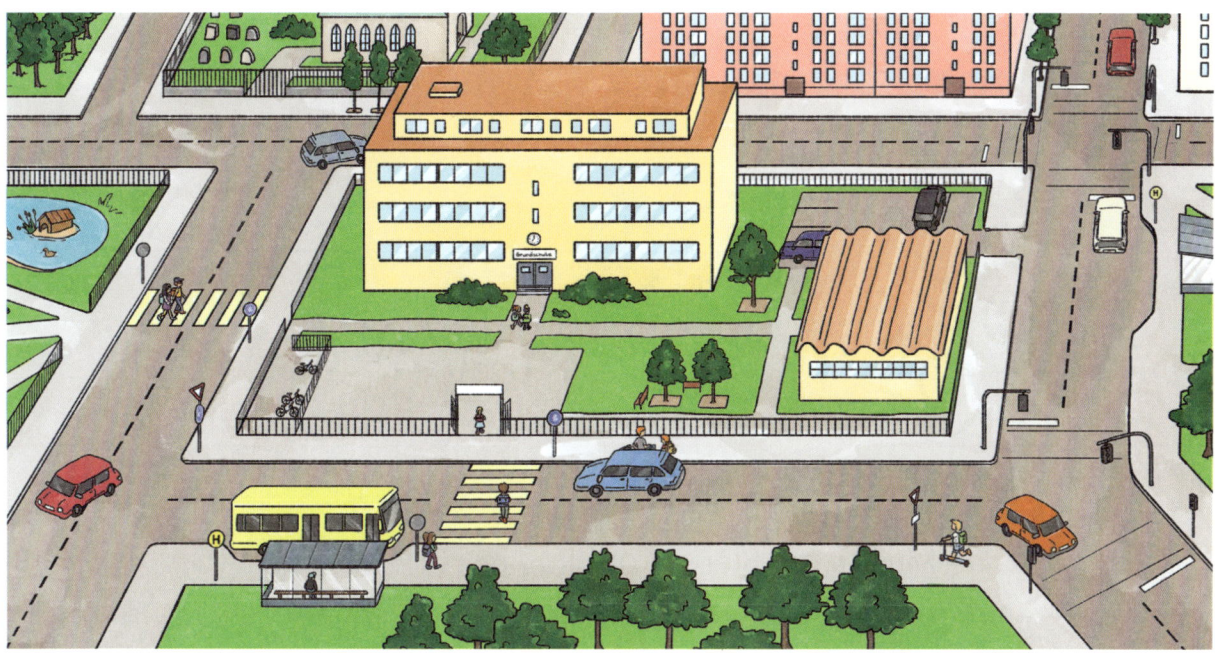

2. Wie kommst du zur Schule? Befrage deine Mitschüler.

Kinder   Kinder   Kinder   Kinder

3: Sucht euren Stadtplan im Internet.
Zeichnet euren Schulweg ein.

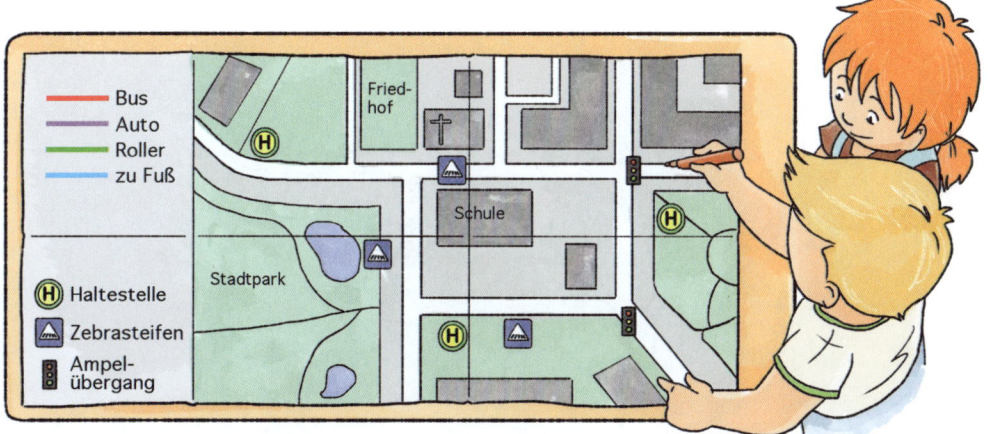

Bus
Auto
Roller
zu Fuß

Friedhof

Schule

Stadtpark

(H) Haltestelle
Zebrastreifen
Ampelübergang

K 1 Über den eigenen Schulweg und seine Gefahren sprechen
K D 2 Umfrage durchführen; Strichlisten herstellen und präsentieren; Fünferbündelung berücksichtigen
M 3 Schulwegeplan erstellen und Gefahrenstellen markieren

133

1. Zeichne die Muster mit einem Bleistift zu Ende.

2. Zeichne eigene Muster mit Bleistift auf Papier.

3. Zeichnet eure rechte und linke Hand auf euer Muster und malt aus.

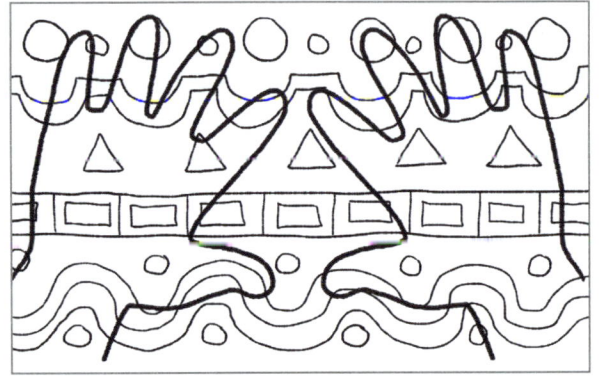

4. Schneide deine Hände aus und bastelt gemeinsam einen Händebaum.

ⓚ **3** Farbbereiche für rechts rot/orange, für links lila/blau beachten

ⓚ **4**

Mein Merkwissen-Heft

Zahlen

Ordnungszahlen Seite 30

3. Kind
drittes Kind

3 Kinder
drei Kinder

Gerade und ungerade Zahlen Seite 102

Gerade Zahlen kann ich halbieren. Beispiele: 2, 4, 6, 8, 10, ...

Ungerade Zahlen kann ich nicht halbieren. Beispiele: 1, 3, 5, 7, 9, ...

Vorgänger und Nachfolger Seite 77

11 ist der Vorgänger von 12.

13 ist der Nachfolger von 12.

Vorgänger	Zahl	Nachfolger
11	12	13

Bündeln

5 bündeln Seite 14

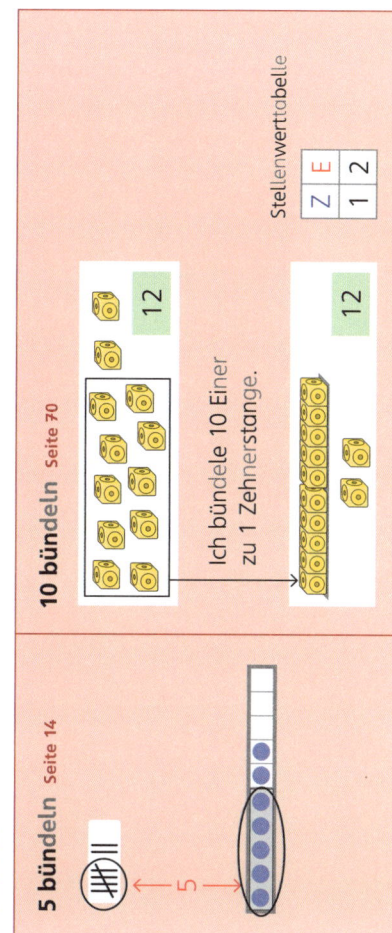

10 bündeln Seite 70

Ich bündele 10 Einer zu 1 Zehnerstange.

12

12

Stellenwerttabelle

Z	E
1	2

Formen und Körper

Rechts und links Seite 20

links   rechts

Flächenformen Seite 32

Kreis   Dreieck   Rechteck   Quadrat

Körper Seite 118

Quader   Würfel   Zylinder   Kugel   Prisma

Geld und Uhrzeiten

Uhrzeiten Seite 125

Ein Tag hat 24 Stunden

Stundenzeiger kurz

Minutenzeiger lang

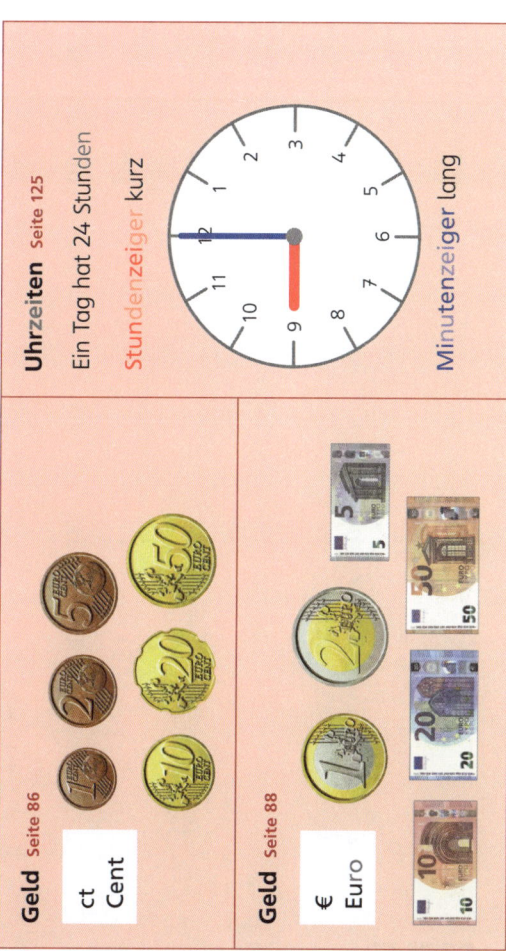

Geld Seite 86

ct
Cent

Geld Seite 88

€
Euro

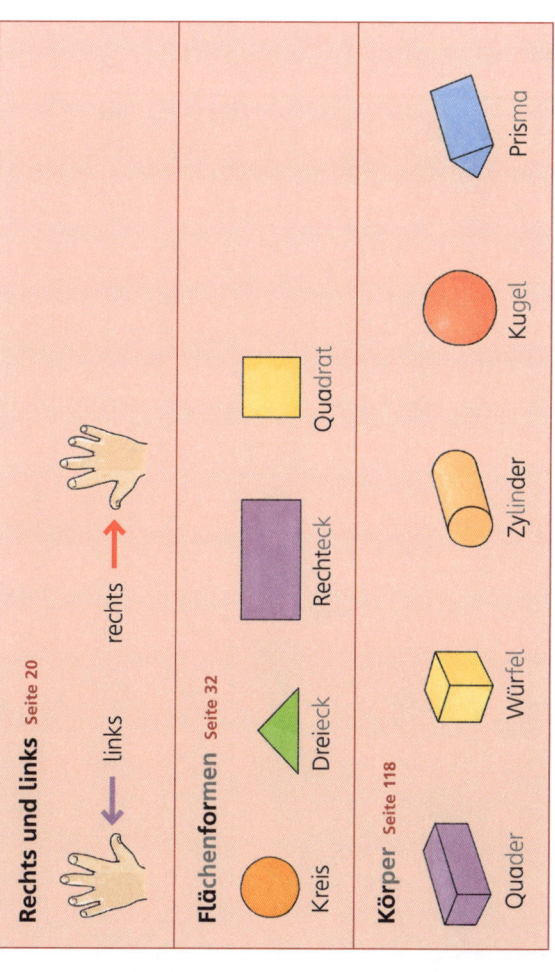

Rechenarten

Plusaufgabe Seite 40

$3 + 2 = 5$ 3 plus 2 ist gleich 5

Minusaufgabe Seite 50

$5 - 2 = 3$ 5 minus 2 ist gleich 3

Rechnen und vergleichen

Gleichungen Seite 75

$2 = 2$ 2 ist gleich 2

$3 + 1 = 4$ 3 plus 1 ist gleich 4

Ungleichungen Seite 75

$2 < 4$ 2 ist kleiner als 4

$4 > 2 + 1$ 4 ist größer als 2 plus 1

Rechnen mit Köpfchen

Tauschaufgabe Seite 46

$2 + 5 = 7$ Aufgabe
$5 + 2 = 7$ ← Tauschaufgabe

Schöne Päckchen – Plus Seite 45

1. Zahl		2. Zahl		Ergebnis
2	+	1	=	3
2	+	2	=	4
2	+	3	=	5
2	+	4	=	6

Du kannst schöne Päckchen fortsetzen.

Große und kleine Aufgabe Seite 81

$13 + 4 = 17$ große Aufgabe
$3 + 4 = 7$ kleine Aufgabe

Umkehraufgabe Seite 58

$3 + 2 = 5$ Aufgabe
$5 - 2 = 3$ ← Umkehraufgabe

Schöne Päckchen – Minus Seite 55

1. Zahl		2. Zahl		Ergebnis
6	–	1	=	5
6	–	2	=	4
6	–	3	=	3
6	–	4	=	2

Du kannst schöne Päckchen fortsetzen.

Aufgabenfamilie Seite 62

$4 + 3 = 7$
$3 + 4 = 7$
$7 - 3 = 4$
$7 - 4 = 3$

– 2 –

Rechnen mit Köpfchen

Nachbaraufgaben Seite 84

$5 + 2 =$
$5 + 3 = 8$
$5 + 4 =$

Jede Aufgabe hat 4 Nachbaraufgaben.

$4 + 3 =$
$5 + 3 = 8$
$6 + 3 =$

Du kannst schöne Päckchen fortsetzen.

Verdoppeln Seite 98

$3 + 3 = 6$

Das Doppelte von 3 ist 6.

Halbieren Seite 100

$8 = 4 + 4$

Die Hälfte von 8 ist 4.

Schlau über die 10 (+)

Zur 10, dann weiter Seite 104

$8 + \; 6 \;= 14$
$8 + 2 + 4 = 14$

Nähe zur 10 Seite 107

$4 + \; 9 = 13$
$4 + 10 = 14$ 1 weniger

Kraft der 5 Seite 106

$6 + 7 = 13$
$10 + 2 + 1 = 13$

Verdoppeln Seite 108

$6 + 7 = 13$ 1 mehr
$6 + 6 = 12$

Schlau über die 10 (–)

Zur 10, dann weiter Seite 110

$15 - \; 7 \;= 8$
$15 - 5 - 2 = 8$

Nähe zur 10 Seite 112

$14 - \; 9 = 5$
$14 - 10 = 4$ 1 mehr

– 3 –